日军侵华战俘营纪实丛书

太原
战俘营纪实

曹朝阳　何　洁　何天义　编著

知识产权出版社
全国百佳图书出版单位

图书在版编目（CIP）数据

太原战俘营纪实/曹朝阳，何洁，何天义编著．—北京：知识产权出版社，2019.6

（日军侵华战俘营纪实丛书/何天义主编）

ISBN 978-7-5130-6150-6

Ⅰ．①太…　Ⅱ．①曹…②何…③何…　Ⅲ．①日本—侵华事件—战俘问题—史料—太原　Ⅳ．①K265.606

中国版本图书馆 CIP 数据核字（2019）第 041164 号

责任编辑：宋　云　刘　江　　**责任校对：**谷　洋

封面设计：北京麦莫瑞文化传播有限公司　　**责任印制：**刘译文

太原战俘营纪实

曹朝阳　何　洁　何天义　编著

出版发行：	知识产权出版社有限责任公司	**网　　址：**	http：//www.ipph.cn
社　　址：	北京市海淀区气象路 50 号院	**邮　　编：**	100081
责编电话：	010-82000860 转 8388	**责编邮箱：**	hnsongyun@163.com
发行电话：	010-82000860 转 8101/8102	**发行传真：**	010-82000893/82005070/82000270
印　　刷：	三河市国英印务有限公司	**经　　销：**	各大网上书店、新华书店及相关专业书店
开　　本：	880mm×1230mm　1/32	**印　　张：**	7.5
版　　次：	2019 年 6 月第 1 版	**印　　次：**	2019 年 6 月第 1 次印刷
字　　数：	156 千字	**定　　价：**	39.00 元

ISBN 978-7-5130-6150-6

《日军侵华战俘营纪实丛书》

编委会名单

序　言

虐待俘虏是日本在侵华战争中所犯的重要罪行之一，也是战后尚未解决的遗留问题之一。战时应当如何对待敌对国的俘虏，早在18世纪，国际社会就产生了施以人道待遇的观念；1899年第一届万国会议上制定的《海牙第二公约》，1907年《海牙第四公约》附件的《陆战法则和惯例章程》，1929年达成的《日内瓦公约》，都有明确规定的基本准则。

战俘是战争和武装冲突中落入敌方控制之下的合法交战者，战俘不是以个人身份，而是以武装部队成员身份参加战斗的。交战国拘捕和扣留被俘人员不是因为其个人有任何违法行为，而是为了防止他们再次参加作战。俘虏必须享受人道的待遇，凡属交战国军队的人员，不论其是战斗人员还是非战斗人员，在被俘以后都应享受俘虏的待遇。因此对他们不应施以惩罚、虐待，更不应该予以杀害。战后，国际军事法庭宪章把“对战俘的谋杀和虐待”归入战争罪。但在日本侵华战争中，日军制造种种借口，非但不执行国际公约，而且虐待战俘，奴役战俘，对中国和世界犯下了滔天罪行。

20世纪三四十年代发生的日本侵华战争，是日本帝国主义在近代史上多次侵华战争中最疯狂最残暴的一次，也是其以失败告终的一次。这场战争，从 1931 年九一八事变开始，到 1945 年 9 月日本投降签字，历时 14 年之久。中国军队进行重要战役 200 余次，大小战斗近 20 万次，歼灭日军 150 余万人，歼灭伪军 118 万人。战争结束后接受投降日军 128 万人，接受投降伪军 146 万人。但是，战争的最终胜利并不等于战争的每个阶段都取得了胜利，更不可能是每个战役和每次战斗都取得了胜利。面对武装到牙齿的日本军国主义，在军事上、装备上、综合国力上都处于弱势的中国军民，在战争中曾多次失利。中国军民遭到许多重大损失，有不少抗日军民被俘、被捕、被抓，关押进日本设在中国各地的战俘集中营（以下简称战俘营）。据近年的不完全统计，在抗日战争中，正面战场进行大会战 22 次，国民党军队伤亡 320 万人；敌后战场进行大小战斗 125 165 次，八路军、新四军伤亡 58 万多人。中国军队共伤亡 380 余万人，中国人民牺牲 2 000 余万人，中国军民伤亡总数达 3 500 万人以上；中国财产损失 600 多亿美元（按 1937 年美元换算，下同），战争消耗 400 多亿美元，间接经济损失达 5 000 亿美元。在死伤的 3 500 万人中，有 1 000 多万人都是战俘及劳工。据近年来核实，日军设在中国的战俘营、战俘收容所有 100 多个，关押战俘 100 余万人。

日军对中国战俘的虐待可分三个阶段、三个场所、三种形式。

第一阶段是战场上的屠杀。

对待战场上作战被俘的官兵，日军先要进行审查分类编队。按官阶分类登记，按原作战部队番号编队，伴随着这些活动，日军往往对战俘进行野蛮屠杀。对作战顽强，使日军在战场上遭到重大伤亡的部队的战俘，日军常常会对其进行“报复性”屠杀；对受伤严重、不能行走、不能当劳工使用，而又需要提供食品和医疗服务的战俘，日军常常当场施以“处理性”的屠杀；对于大批俘虏，日军本意需用这些人充当劳工，由于不按国际法对待他们，不把他们当人看，在管理上不负责任，不及时提供饮水、食品和医疗服务，致使战俘在从战场向战俘营转送途中，或由一个战俘营向另一个战俘营转送途中，几天吃不到东西，喝不上水，病饿而死，遭到“虐待性”屠杀。这种情况在南京沦陷后和中条山战役后最为严重。南京大屠杀的30万受害者中，有9万多人是放下武器的战俘。而在中条山战役中，据日军统计，中国军队被俘3.5万人，遗尸4.2万人，其实这些遗尸中大多是放下武器后被杀害的战俘。

第二阶段是战俘营的虐杀。

战俘营多数高墙电网、岗哨林立、戒备森严，对俘虏采用监狱式管理。战俘进入战俘营一般要经过验证、消毒、登记、编号、审讯、入所教育六道手续。进战俘营后，每天要进行出操点名、升降旗、呼反动口号、强制劳动、策反活动、唱反动歌、读反动报等刻板的日程。战俘吃的是发霉的玉米面、高粱米，吃不饱饭，见不到菜，喝不上水。塘沽战俘营的战俘劳工曾吃尿冰止渴，而石家庄战俘营的战俘则不得不吃老鼠充饥。住的多是木板房，睡的是大通铺，没有被褥枕头。穿的衣服又脏又破，多数人衣不遮体，一些战俘不得不趁外出劳动时捡水泥袋和破草袋捆在身上御寒。恶劣的环境，非人的生活，繁重的劳役，残酷的刑罚，加上瘟疫的摧残，折磨着战俘营的战俘，石家庄战俘营最多一天会死去200多人。在北平战俘营中，日军会把一些战俘的胳膊弯曲打上石膏进行肘死关节试验，致使这些战俘残废或丧命。济南、太原、北平、石家庄等战俘营均把战俘当作血库，大量抽其血液，并进行细菌试验、活体解剖。太原战俘营把战俘当活靶，捆绑着押到赛马场上让日军新兵练刺杀、射击，仅两次新兵练胆训练就虐杀八路军战俘340余人。由于上述原因，石家庄、济南、太原、北平几个大战俘营的死亡率都高达百分之三四十。每个战俘营附近基本上都有一个掩埋战俘劳工尸体的万人坑，死亡人数都在2万左右。

第三阶段是就劳地的役杀。

战俘在战俘营虽然也进行劳动，但多是临时性、应急性的劳动，而且流动性大，不固定。在其被日军输送到伪满洲国、伪蒙疆和日本本土各地后，在就劳地的劳动则是相对固定的、长期的、繁重的苦役。早在关东军劳务统制委员会第一次会议上，关东军有关人员就提出将数十万东北军俘虏及归顺兵训练、转化为劳工的计划。全面抗战爆发后，日军陆续把30万战俘从华北强掳到伪满洲国，日方称其为特殊工人，后来又改为辅导工人和保护工人。之后又将战俘强掳到伪蒙疆、华中、华南、日本本土、朝鲜半岛及东南亚等地服苦役。在管理上多数与普通劳工隔离，由军队和警察负责监管。日军从中国强掳到日本本土的4万名劳工中有2万人是战俘，日本称为训练生。战俘在各就劳地的生活条件和劳动条件普遍很差，但比较地看，东北比华北恶劣，国外比国内恶劣，煤矿、铁矿比一般工厂恶劣，秘密军事工程比一般军事工程恶劣。战俘劳工在被役使过程中，饱受冻、饿、病、累的折磨，死者很多。押往伪满洲国的战俘劳工的死亡率，低的有百分之十几，高的达40%。押往日本的战俘劳工死亡率约占17%，有的作业场死亡率达52%。

总之，不论在俘获地、战俘营，还是就劳地，日军和日伪管理人员对战俘的虐待一直没有停止，肉体上的摧残，精神上的折磨，经济上的剥削，政治上的压迫，直到战俘的生命终结。

战后的东京审判和各国的BC级战犯审判，已经证明日本政府、军队和相关企业在战时严重违反了国际公法和国际公约，犯有虐待战俘罪、残害平民罪、强掳劳工罪、侵犯人权罪。但因种种原因，战后审判对日本奴役和虐待中国战俘劳工的罪行追究却很不彻底。据日本法务省官房司法调查部编纂的《战争犯罪审判概要》（1973年8月）中记载，由英、美、澳、荷、法、菲及中华民国提出的BC级审判起诉书中，有关俘虏收容所人员占全部起诉案件数的16%，被起诉人员的17%，判处有罪的27%，处死刑的11%。在战犯审判中，因虐待俘虏被起诉的案件仅次于宪兵犯罪的案件。但这些案件多由英、美、澳等国审判。设置战俘营最多、战俘受虐待最重的中国，参与对日本虐待战俘案件的审判却很少。日本在中国战场上犯下的残杀战俘的滔天罪行，只有南京大屠杀中的指挥者等少数战犯受到了审判。日军在中国建立战俘营虐待战俘劳工的种种罪行，只有济南等少数战俘营的管理者受到了审判，而对日军在伪满洲国、伪蒙疆、华北、华中、华南等地奴役战俘劳工的罪行基本上没有进行任何惩处。对掳往日本本土的战俘劳工，在135个作业场中，只有花冈、鹿岛等个别作业场的管理者受到了审判。20世纪50年代，中国最高人民法院特别军事法庭审判在押的日本战犯时，华北几十个战俘营中只对济南、太原、保定、洛阳4个战俘营的日本管理人员进行了审判。而以上审判只是对犯罪当事人的战争犯罪责任进行追究，并没有对日本政府和相关企业虐待奴役战俘劳工所造成的人身伤害、经济损失、精神损失、家庭损失等进行审判。既没有向受害者谢罪，也没有向受害者赔偿。反之，日方还竭力销毁罪证，掩盖事实，否认罪行。

《海牙第四公约》第3条规定：“如果情势有必要，违反本公约之‘陆战规则’规定的交战者，应付出赔偿，该交战者应对其武装部队中一部分人所做的行为负责。”国际法还规定追究战犯的战争责任没有时效限制。根据这些法律，第二次世界大战中的侵略国德、意、日奴役和虐待同盟国战俘的问题，被受害者列为没有解决的战争遗留问题，在20世纪80年代又被提了出来。经过多年的斗争，1999年2月，德国政府和企业拿出100亿马克（约合53亿美元）建立了“记忆、责任和未来基金”，对受害的战俘劳工进行赔偿。

早在德国全面解决战俘问题之前，美国和加拿大就已对战时关进美国和加拿大集中营的日本侨民进行了道歉和赔偿，美国总统给每位受害者发了致歉信，每人赔偿了 2 万美元（当时约合 16 万元人民币）。加拿大同美国的道歉方法和赔偿金额基本一致。继德国之后，奥地利也仿效德国的办法建立了强制劳工赔偿基金，对欧洲的战俘劳工进行赔偿。在英国，政府没有支持战俘向日本索赔，英国政府却为第二次世界大战时被日本奴役的英国战俘受害者每人提供了 1 万英镑（当时约合 15 万元人民币）的补偿金。然而，侵占中国 14 年、造成中国 3 500 万人死伤的日本，不承认侵略战争，不承认侵略罪行，不承担侵略责任。

国际上有一种说法，如何对待敌对国的战俘，可以看出一个国家和一个民族的文明程度和道德水平。日本军国主义在战时没有按国际公约对待中国战俘，而是虐待、奴役、残杀中国战俘。战争结束时，又烧毁文件档案，掩盖罪行，企图蒙混过关。战争结束后，当中国战俘劳工向日本政府和相关企业提出索赔要求时，他们又制造种种借口予以否认，加以阻挠。

从 20 世纪 80 年代开始，中国民间对日索赔在日本法院立案 28 件，其中战俘劳工索赔案 15 件。尽管经历了十几年的漫长诉讼，但都被日本法院以“国家无答责”“时效问题与除斥期间”“请求权放弃”等理由判决败诉。2007 年 4 月 27 日，日本最高法院单方面解释《中日联合声明》，以中国政府放弃战争赔偿为由，判定中国民间受害者丧失索赔权。

因为日本政府对历史遗留问题没有正确的认识和积极的态度，所以中国民间对日索赔问题至今还没有得到解决。

人类进入21世纪，实现民族和解、捍卫世界和平、建设和谐世界逐渐被提上议事日程，特别是存在众多历史问题和现实问题的中日两国及亚洲各国更为关注这一话题。第二次世界大战结束70多年来，中日两国人民为促进中日友好做了大量工作。日本民间团体帮助中国劳工争取受害赔偿就是一个例证，建立在中国、日本及亚洲各地的战俘劳工纪念碑就是例证。但日本右翼团体却处心积虑，倒行逆施，不断进行干扰破坏活动。近年来，日本在政治上越来越右倾化，在历史问题上大开倒车，否认侵略历史，掩盖侵略罪行，妄图翻案复辟，使中日关系降到最低点，战争遗留问题的解决也更加渺茫。中国受害者希望日本能向德国学习，正确对待历史问题，勇于承担历史责任，在深刻反省的基础上妥善解决战俘劳工这一战争遗留问题。

一个偶然的机会，我们选择了战俘、战俘营、战俘劳工这个课题，并为此进行了30年的调查研究。30年来，在有关部门和民间组织的支持下，我们先后召集战俘劳工代表大会5次，地区性战俘劳工座谈会20余次，走访征集战俘劳工口述资料1 000多人，征集有关资料3 000多万字，整理打印900余人的《战俘劳工访谈录》共计400万字，为400多位战俘劳工录制了音像资料，并刻录了光盘。

在旅日、旅美、旅加华侨的支持下，我们于1995年编写了一套4卷本《日军枪刺下的中国劳工》；于2005年编写了一套5卷本《二战掳日中国劳工口述史》；于2007年编著了《亚洲的奥斯威辛——日军侵华集中营揭秘》；于2008年编写了《日军侵华集中营——中国受害者口述》；于2013年编著了《日军侵华战俘营总论》。此外，还参与编辑了10卷本《日本侵略华北罪行档案》及《日军侵略华北罪行史稿》等40多部抗战类相关书籍。这些著作填补了日本侵华罪行、战俘英勇反抗史的研究空白，为解决日本侵华战争的遗留问题提供了史料和证据。但这些著作多为史料性、专题性、实证性、学术性著作，受众面较小，可读性不强。为了让广大群众特别是青少年，了解战俘劳工这一特殊群体，了解他们艰难困苦的悲惨遭遇，学习他们英勇不屈的斗争精神，我们从全国众多战俘营中选择了平津、石家庄、济南、太原、洛阳五个规模较大、关押战俘较多的战俘营的素材，编写了一套“日军侵华战俘营纪实丛书”。在这些战俘营中，有不少共产党八路军战俘进行的英勇反抗斗争，而斗争最坚决的是抗大二分校抗三团的干部学员，其中有不少是长征到延安的老红军，到华北办抗大的新八路。他们在日军“五一扫荡”时被俘，关进石家庄战俘营后，组建了秘密支部，在伪满阜新煤矿后举行了“新邱暴动”。于是我们单独为他们立传，编写了一本《战俘营的“抗三”》。全套书共6册。

这套丛书是根据战俘幸存者的回忆和口述，及各地残缺不全的文献和档案整理编写的，文中的人名、时间、地点可能有不准确的地方，加之时间仓促，水平有限，书中可能有许多偏颇疏漏之处，请广大读者谅解，请幸存者、当事者加以斧正。

为了增加书稿的真实性和客观性，揭露日军奴役掳杀战俘劳工的滔天罪行，我们从书报刊物上选编了一些图片，由于种种原因，未能找到原稿的拍摄者。这里我们向有关的拍摄者和编辑者表示感谢。看到这本书的原图作者，请同我们联系，我们将付微薄的稿酬。

何天义

2018 年 11 月 1 日于石家庄

目　录

一、阳光下的罪恶

1. 赛马场的突刺训练

历史作证，公元1942年7月26日，这是一个在阳光下永远凝固的日子。

这一天，烈日炎炎。山西太原小东门外的赛马场，静悄悄的，没有一点声音。自从被日军占领后，这个赛马场就已废弃不用。周围是一片荒野、乱坟，除了盘旋觅食、追逐嬉戏的乌鸦起起落落，几乎看不到人影。

然而今天，从小东门外赛马场，到小东门内太原工程队的数里长街上，却被荷枪实弹的日军封锁，岗哨林立，戒备森严。不断地有日军押着工程队的战俘，一队一队地从街上走过。人们不知道今天要发生什么事情。

忽然，赛马场周围的乌鸦们惊叫着四散飞去，原来大队人马开来。首先到来的是全副武装的日本兵，接着押来的是一队衣衫褴褛的中国男女。这些被反捆着双手的男女，就是被日军从太原工程队押来的中国战俘。早晨，工程队长通知他们，今天要“外出劳动”，于是他们就被挑选出来，分批列队带出工程队。但让他们感到奇怪的是，今天外出劳动不让带工具，还被反捆了双手，人人心中都有一种不祥之兆。

押解他们的，除了工程队经常看押他们的日军，主要是驻在太原侯家巷陆军独立混成第四旅团所属的独立步兵第十三大队参加训练的新兵，领队的是该大队教育主任小池中尉。他们一到赛马场，便开始进行忙碌的准备工作。中国战俘们不知道今天将进行什么“劳动”，日本新兵们也不知道要进行什么“训练”。

这时，几辆军用小汽车开进了赛马场，从车上走下一批日本军官，为首的是这次训练的策划者和指挥者，驻太原的陆军独立混成第四旅团团长津田守弥及所属第十三大队队长安尾正纲。

太平洋战争爆发后，日军因战线拉长，兵力不足，不断从国内征来新兵，运往中国战场。1942 年，几百名新兵补充到独立混成第四旅团所属的独立步兵第十三大队。这些新兵还没来得及进行正规的军事训练，就被拉到中国战场，他们没有作战经验，不少人胆子很小，上战场不敢杀人。为了锻炼新兵的胆量，提高战斗力，旅团长津田守弥下达了密令，“为了锻炼新兵在战场上的胆量，各部队要用活人做靶，来对刚从国内征来的新兵进行试胆教练。”还说，“像太原这样的城市，很难有机会进行活靶刺杀。对新兵来讲，没有这种实践，一旦走上战场，就难以想象了。”于是，该旅团所属部队毫无顾忌地用活人作靶，对新兵进行试胆教育。

独立步兵第十三大队接到密令，大队长安尾正纲即召集辅佐官会议进行研究，将这批新兵的第一期教学课目中的刺杀训练验收，改为用活人做靶，并准备用太原工程队的战俘作为刺杀对象。

因为前不久日军刚在太行区“扫荡”中俘虏了一批八路军总部的干部和抗大学员，知道其中有八路军高级干部，但查不出来。日军认为他们是抗日的危险分子，已经不可教化，所以决定拿他们开刀。由于一次性将大批战俘带到训练场刺杀容易激怒战俘发生暴动，日军便一次押解一个小队，分批把战俘押来刺杀。

旅团长津田守弥今天来是检阅的，他下了车就带着旅团的军官们向检阅台走去。大队长安尾正纲是今天训练表演的指挥官，下了车就带着他的辅佐官指挥部队进行各项准备。

戒严部队很快就布满了赛马场周围，闲杂人员都被赶出几里之外。参加演练的新兵也到达指定位置，第一批来的50名战俘被日军带到事前选定的位置，每8个人为一组，等距离站在一条横线上，日军迫令他们跪在地上，解开上衣，露出胸膛。在距他们前方10米处，都相应地站着一名荷枪实弹的日本新兵，端着上了刺刀的枪，目露凶光地对着这些八路军的前胸，气氛恐怖得令人窒息。

这时战俘们才明白，日军用“外出劳动”把他们骗来，原来是让他们为日本新兵当“人肉靶子”。于是他们开始抗争，开始呼喊。

就在这时，检阅台上的津田守弥下达了“训练开始”的指令。早已准备好的日本兵狂叫着，穷凶极恶地窜上去，向被反捆着双手的战俘前胸刺去。战俘们顿时鲜血喷涌、皮翻肉绽，有的在惨叫声中倒地身亡；有的却从血泊中站起，挺起胸膛，怒目横视；有的在日军还没刺中前高喊着口号“打倒日本帝国主义”“中国共产党万岁”……

悲壮的口号声震动了赛马场的上空，一些新兵的手开始颤抖了，有时几下刺不中要害位置。柴田教官看到这种情况，暴跳如雷，从新兵手中夺过刺刀，就向血泊中反抗的战士刺去。

大屠杀就这样开始了，一个新兵对一名战俘，8 个人或 10 个人一组；日本新兵刺杀完一组，再来一组；中国战俘刺死了一批，又押来一批。在安尾正纲的指挥下，独立步兵第十三大队 4 个中队的新兵轮番上阵，轮番刺杀，两天时间杀害了 220 多名中国战俘。

2. 唯一的逃生者

日本的新兵训练在持续地进行，中国战俘一批批被刺死、拉走、埋掉，又一批批被押来刺杀。但事情并非如日军想象的那么顺利。一件日本人意想不到的事情发生了。

就在 7 月 26 日下午 3 点，戊字号班的 80 名战俘分为 4 批，从工程队押到赛马场的坟场小树林，日军把每批战俘又分成几组，端着刺刀，照着战俘的胸膛“呀！呀！”地刺着。很快第二批战俘快被刺完，轮到刺杀第三批了。

站在第三批第一个位置的战俘，是八路军干部赵培宪。他是 1942 年 5 月在太行山“扫荡”中被俘的，被俘前是八路军总部机要科长，刚刚被任命为八路军总部敌工部副部长，还没有来得及报到就被俘了。他曾经在八路军运动会上获得过长跑冠军，是经过长征到达延安的“红小鬼”。日本兵用一根裤带捆他的手时，他看到这根用了多年的裤带已快朽烂，只要用力就能挣断。于是他就萌生了挣断裤带、拼死逃跑的念头。他是第三批的第一个，排在赛马场的最东边，十几米之外有一条四五米深的干涸水沟。危急中他看了一下周围的地形，选择了一条逃离屠场的捷径。此时，敌人背捆了他的手，踢他的腿叫他跪下。这时他的热血燃烧起来，他想着，不能像绵羊一样，等待敌人宰割，应该抓住机会临死一拼。

眼看着第二批战俘一个个被刺倒，仅剩下少数几个人了，他们由怒骂、呼喊变成呻吟，无声地倒在血泊里。等日本兵把刺刀刺进赵培宪前面战俘的胸膛，还未拔出刺刀时，赵培宪挣脱了绑手的带子，背向敌人一直向东飞跑。很快跑到沟边，顺势滚下沟崖，拼命顺沟朝东北方向的太行山跑去。

这突如其来的变化，使在场的日本新兵不知所措，一个个端着枪，呆呆地站在那里，看着这个八路军战俘渐渐跑远。他们不相信在这种条件下，中国战俘竟敢逃跑。待他们反应过来，举枪射击时，才想起今天是刺杀训练表演，表演者一律不准子弹上膛。等他们把子弹装进枪膛，战俘赵培宪已经跑远，日军只能远远地放几枪。

日本教官立即派出几个士兵前去追赶，边追边开枪。杂草丛生的地面高低不平，战俘赵培宪跑起来跌跌撞撞，但这却给举枪瞄准的日本兵造成困难，因此他躲过了一颗颗呼啸而过的子弹，钻进草丛中。

追到沟边的鬼子绕道下到沟底，满眼都是荒草和庄稼，早已看不到这个八路军战俘的身影。

指挥这次刺杀训练的日军大队长安尾正纲，听说一个被捆着双手的八路军战俘，竟在数百名日军的众目睽睽下逃离现场，非常生气。他心里十分清楚，这种用战俘当活靶进行刺杀训练的事件应当绝对保密，一旦传出去，就使日本大和民族的兽性暴露在世人面前，日军将为此蒙上耻辱，因此这个活口绝不能留。于是他马上调集兵力，从北、东、西几个方向包围了赛马场附近的村庄，挨家挨户地搜查，恨不得挖地三尺也要找到这个战俘。日军放出军犬追赶、搜索，一时间，子弹声、狗吠声响成一片，日军穷追不舍，一直追进了附近的东山。

但是，有着丰富斗争经验的赵培宪，根本没有进村，一直躲在庄稼地的水沟里，身上盖着荒草，后来又藏在村外的草垛里，等天黑透了才出来往山上跑。两天后，他在太行山山区找到游击队，又几经周折，辗转回到原部队。

3. 屠刀下的抗大女兵

一周之后，驻太原日军又进行了第二次屠杀。时间是1942 年 8 月2 日前后，日军独立混成第四旅团第十三大队的机关枪班和步兵炮队的战斗教育和学科集训结束后，也实施了一次刺杀活肉靶子的检阅。参加这次训练检阅的是机关枪队新兵和炮兵队新兵，总指挥仍然是大队教育主任小池中尉。上次负责监督的教官住冈义一，这次直接指挥了机关枪队 70 名新兵的刺杀训练。这次惨遭杀害的中国战俘有 120 余名，其中，有 50 余名是抗日军政大学的女学员。

这些穿着八路军军装的年轻女兵，正是豆蔻年华、青春靓丽的时期，却被捆着双手，在端着长枪的日本兵的押解下，被带至赛马场东北角的检阅场。她们临危不惧，挺胸昂首，对在场日军怒目而视、不屑一顾。日军仍将她们分成若干组，每组 8—10 人不等。第一组女兵先被押到事先挖好的壕沟边，等距离站成一行。日军强迫她们跪下解开上衣，露出左边的乳房，显出心脏的位置。在她们前方 10 米的地方，站着一排端着枪刺的日本新兵。开始她们不知道日军要干什么，但当她们明白日军要把她们当成活靶供日本新兵训练“突刺”时，便起来反抗了。

先是一个女兵挺起胸膛高呼“打倒日本帝国主义!”“中华民族万岁!”接着其他女兵也燃起了愤怒的仇恨，都在高呼同样的口号。这呼声使端枪的日本新兵手发抖了，被惊呆了。看到这种情况，指挥这次训练的教官住冈义一，发疯似的下达了突击命令，日本新兵端枪向女兵的左乳房刺去。新兵们恐慌之余刺不进去，仅有 4 名女兵被刺倒。教官住冈义一觉得在检阅官安尾大队长面前丢了颜面，于是命令道井军曹重来一次。道井军曹大声咒骂着新兵，让他们重新进行突刺，但其中 3 名新兵惊慌地打着战栗，怎么也不能进行刺杀动作。住冈义一怒不可遏，像一头疯狂野兽似的大声向道井吼道：“做个刺杀示范叫他们看看!”道井马上拿过旁边新兵的枪，一边嘟哝着“不干脆”，谩骂着不敢刺杀的新兵；一边对受伤还没断气的女兵乱刺乱杀。当看到一位女兵浑身是血，嘴里发出憎恨的呻吟，随着呼吸吐出黑色污血，却不屈服地挺着身体时，住冈义一走上去指着她的乳头说：“这就是心脏，照这里猛刺！”强迫一个不愿刺杀的新兵刺死这位女兵。住冈义一也拔出军刀，砍杀其他不肯倒下的女兵。由于怕这些女兵没死，他还掏出手枪，向躺在血泊中痛苦挣扎的女兵头上各打了一发子弹，使她们当场绝命。据战犯住冈义一在战后审判中交代，这次刺杀表演，仅住冈义一就亲自用军刀和手枪将新兵刺而未死的 15 名女战俘逐一杀死，后将这些战俘的尸体拖到赛马场东北方的小沟内草草掩埋。

4. 泄密后的恐慌

这两次屠杀，使日军独立混成第四旅团独立步兵大队完成了新兵突刺训练，也使 340 余名年轻的中国战俘失去了宝贵的生命。正当日军总结这次训练的经验，准备继续沿用这种方法时，他们担心的事情终于发生了。1942 年 8 月 21 日，抗日根据地的报纸、电台揭露了这场大屠杀的真相。这场屠杀的唯一幸存者赵培宪在《新华日报》上发表署名文章，控诉了日军对中国战俘的残害。为了能让人们了解到当时的情况，这里转录其文章片段。

赵培宪：我曾被当作“活肉靶子”

我是最近从敌人的毒手里逃出来的，我愿意把我所遭遇的一切说给大家听。

我被敌人捉去关在太原的俘虏营里。俘虏营是芦席盖的棚，周围有两层电网、三层铁丝网封锁着。在阴湿的地上，我们睡觉、吃饭、拉屎、撒尿，像猪一样被看待。汗酸、屎尿臭，被火烧的太阳蒸发着，我们的肉体渐渐溃烂，原来体弱的，不几天就病倒了，死啦！身体较强的，也渐渐被折磨成一副骷髅的架子。逢着天下雨，雨在身上浇，水在身上流。这时，我们盼望天晴。但是太阳出来了，我们被烈日蒸得昏了过去。大门外，严密地布满了哨兵，第二道门也同样站着日本法西斯的走卒，第三层门是伪军。

我们都被编成号，一个个被审问、被拷打，去做苦工。吃的是什么呢？一天两顿小米稀粥。米是多年前的仓谷，不但腐朽难以下咽，而且谷糠就有大半，每顿一个人配给两小碗。倘若你不小心误掉在地下一粒米，敌人会马上夺去你的碗，狠狠打你一顿棒子，打得头破血流，罚你一天不能吃饭。菜是什么味道，俘虏是没有资格尝一下的。

睡觉睡不好，吃饭吃不饱，下午两点钟，在火热的阳光下还出“新民操”。

到了热得发烫的操场，日军让俘虏一个个裸着上体，在炽热的太阳底下晒几个钟头，俘虏们脊背上晒满了水泡，脱落了皮肤。头晒得昏了，有的晕倒在地上，有的死了。晕倒的清醒了以后，日本人重重地打着他要他站起来；快要死的，就被送进所谓的“俘虏医院”，我们叫进“阎王殿”，进去的没有出来的。

敌寇想尽一切方法，企图挑拨我们相互仇视。比如：俘虏中有的是中央军官兵，有的是八路军、决死队的，敌人对某些俘虏可以放出去到河滩去给洗血衣、抬水、修飞机场，但对八路军俘虏则不然，他们深知八路军是最忠实于民族而不会向敌人屈服的。所以，敌人见了八路军的俘虏时，总是说：“八路的脑子大大的坏的，妈的，打死了我的朋友们死拉死拉的！”

我们的同志成群结队地被抽出去了，名义上是修路，实际上是给敌寇新兵做了练习刺枪的“活肉靶子”！

被当作“肉靶子”的已不是一批，7 月 20 日轮到了我们。下午三点半，“戊”字号 80 个俘虏被分为 4 批，从太原小东门向一个坟场的树林走去。

很快来了一百多个全副武装的法西斯匪兵，把第一批 20 个革命同志剥去上衣，背捆起双手，排成一字队形。看吧！那灭绝人性的法西斯匪徒们，对着那些手足不能动弹的俘虏端起刺刀，“呀！呀！”地吼叫着冲杀过去。

我们是英勇的革命战士，继承着八路军光荣的传统，誓死不屈！在刺刀前面，不绝地怒骂！高呼着：“中国共产党万岁！”“打倒日本帝国主义！”

快到第三批了，我是第三批的一个，衣服已被剥去，敌人用一根已牺牲同志的裤带背捆了我的手。敌人踢着我，叫我跪下。这时我的血燃烧着，我想："不能像绵羊一样被宰割啊，应该在临死之前和他斗争呀！"

第二批只剩下少数的几个人了，他们由怒骂、呼喊变成呻吟，无声地躺在血泊里了。

当敌寇的刺刀在靠近我面前的同志的胸膛里未拔出以前，在这万分紧急的时候，我挣脱了绳索！跳过沟，一直背对着敌人飞跑……

我是侥幸跑出来了。

同志们！同胞们！我是跑出来了。但我们许多同志却已被当作"肉靶子"牺牲了，也还有不少同志还在受敌人折磨和刑罚。我真想不到世界上有这样灭绝人性的野兽。难道我们的同志，我们中华民族优秀儿女可以这样被虐杀吗？同志们！同胞们！记住这血仇啊！你们要为我们在俘虏营中的同志，为我们死难的同胞复仇！

（原载 1942 年 8 月 21 日《新华日报》）

赵培宪侥幸从敌人屠刀下逃出来后，回到了解放区，回到革命队伍，新中国成立后历任云南蒙自地委书记、省民政厅长等职务。1953 年公审日本战犯时，他曾出庭作证。抗战胜利 60 周年，当媒体在医院找到他时，这位 85 岁高龄的老英雄虽然年事已高、身体不好，但一提起太原战俘营的经历仍记忆犹新、激动不已。

当年正是赵培宪的控诉，使中国人民知道了太原有个战俘营，而且进行了惨绝人寰的大屠杀。1942 年 9 月 8 日，共产党领导的第十八集团军野战政治部发出了《为揭穿日寇残杀“俘虏”的暴行并追悼二百余名被害的抗日志士》的通知，并刊登在《新华日报》（华北版）上，通知呼吁，“为了控诉日寇这种一贯的虐待、屠杀俘虏的暴行，揭露其阴谋欺诈诡计，要把这一件事向全世界人士宣布，向全国人民宣布，向根据地、敌占区的广大群众宣布，向我全体党员和全体战士宣布，向友党友军宣布，要揭露日本法西斯强盗的滔天罪行。”

1942 年 9 月 20 日，《晋察冀日报》发表社论《控诉敌寇屠杀俘虏的暴行》，明确指出：“今天，我们再一次把日寇屠杀俘虏的罪行向全世界人士控诉，我们相信全世界反法西斯的人民，决不能容忍这种强盗的兽行在地球上继续下去。我们一定要更加一致集中全力，消灭这灭绝人性的万恶的法西斯盗匪！我们同样相信广大的日本革命的士兵，将会英勇地起来，和我们共同反对日本法西斯军阀！”

在此前后，根据地和敌占区的一些报纸、广播，都报道了这一事件，从而揭露日军暴行，悼念死难烈士。

如何对待战俘，国际法上早有明文规定，1899 年的《海牙第二公约》、1907 年的《海牙第四公约》、1929 年的《日内瓦公约》，都要求：对待战俘时，不论何时何地都不得对其生命与人身施以暴力，例如谋杀、残害肢体、虐待及酷刑。日本军国主义在太原集中营的这种屠杀，同南京大屠杀一样都是无视国际公约、践踏国际法准则的行为。这种法西斯暴行一旦被披露，必然会受到国际社会的谴责。日本最高军事当局感到万分惊慌，从此不敢再明目张胆地大批拿战俘做“人肉靶子”进行刺杀训练。并对这场大屠杀的责任者以泄密失职罪，交付军事法庭处置。

这次屠杀事件的披露，使人们知道了太原工程队实际就是战俘营。但由于当时处于战争环境，日军又封锁消息，人们对太原战俘营的情况了解得仍然很少，直到中华人民共和国成立后人民政府审判日本战犯在山西的罪行时，大众才对太原战俘营有了一定的了解。

二、初建的战俘营

太行山西面的山西，表里山河，关塞屏障。古城太原，原称并州，有着2 500年的历史。从古代王朝更迭，到近代战乱不息，虽然历经多次征战，但从未遭受帝国主义的侵略。然而自1937年11月，日本军国主义的铁蹄跨过娘子关，踏进太原城，山西人民就跌进了灾难的深渊，身处水深火热之中，而灾难中伤害最重、痛苦最大的，是那些在战争中被俘而关进集中营的战俘。山西境内，规模最大、关押人数最多的战俘营，就是太原战俘营。

1. 阎锡山的炮兵营房

太原战俘营建立于1938年6月，早期为日军的太原俘虏收容所。它位于太原旧城东北角小东门街北巷，过去曾是阎锡山炮兵部队的营房，面积有20万平方米。它的东边从太原城东城墙开始，往西一直到山西国民师范大学的东墙外；南边则从太原城小东门街开始，往北一直到太原的北城墙。

战俘营为三进大院，前院（东院）是日军队部和日军营房，住着日本管理人员和日本士兵。院内有个大操场，正南是战俘营的大门，直通小东门北巷，由日军一个小队站岗守卫。东南角有个狼狗圈，狗圈旁边有个小门，门外是太原城的东城墙，围墙距城墙有50多米宽，往北往西是一大片空地。早期是日军的靶场和训练狼狗、屠杀战俘的场地，后来成了埋葬战俘尸体的万人坑。

中院稍小一些，住着70多个伪军和伪管理人员，中院的东门通往日军营房，由伪军把守；中院的西门通往战俘住的西院，由战俘组成的卫兵班把守。

西院（后院）是关押战俘的地方。西北角的几栋小砖房，住着国民党中央军和阎锡山晋绥军的将校级战俘、女战俘、卫兵班、队部及管理人员，其他战俘住在9栋东西贯通的大敞篷房里。原有的5栋大敞篷房是砖瓦的，都是坐北朝南，东三间西四间，每幢可住数百人。中条山战役后，因战俘增多住不下，日军又用柳条、芦席等材料陆续建了4栋临时简易大棚。战俘营四周有围墙、电网，院中间还有一座十几米高的三层岗楼，是整个战俘营的制高点，岗楼里配备了探照灯、轻重型机枪等各种火力。白天黑夜都有日军观察、警戒着战俘营的各个角落。

太原战俘营直属日军驻山西的派遣军第一军（代号3500部队）司令部管辖。建所初期成立了指导部，有所长木材中佐、副营菊岗中尉等。下设宣抚官4名，翻译官2名，少尉军医1名，医兵2名，警卫部队50余人。人员增加后，设所长1人，由松本大佐负责；管理人员有清水立夫、文部××、三中永志以及日本籍、朝鲜籍、中国籍翻译各1人，日籍翻译先后有高桥、寺山等，中国籍翻译为陈财。

图1　当年的太原战俘营现为山西机器制造公司（何天义研究室拍摄）

2. 美其名曰“工程队”

太原战俘营有一个堂而皇之的名字——太原工程队，从这个名称，人们自然嗅不到一点血腥味，只有深谙内幕的人才知道，这其实是设在太原城的一个吃人的魔窟、战俘死亡营。很多幸存者一提起这个地方，仍旧毛骨悚然、不寒而栗。

太原工程队第一次大批关进战俘是在1939年夏天。这年5月，日军同阎锡山的晋绥军在晋中西部的柳林作战，俘虏晋绥军1 000多人。为了争取阎锡山的晋绥军，日军将这批人押到太原战俘营，采用以华治华、以俘管俘的办法，指定六十八师副师长蔡雄飞为工程队队长，七十师四三零团团长汤家汉为副队长，管理整个战俘营的战俘。

当时的工程队还属探索阶段，战俘一进集中营，先要进行编号、照相、登记，登记表填写得非常详细，包括姓名、年龄、籍贯、部队番号、军衔、职务、部队驻地、兵力、作战能力、装备情况、伙食供应、部队性质、主官姓名，等等。特别是高级军官登记表填写要求项目更多、更细。实际上日军是通过审讯、登记来收集中国军队的情况，开展情报、谍报工作。

战俘营每天早、中、晚三次由日本警备部队点名，每天做两次操，上一次政治课。政治课就是讲“中日亲善”“东亚新秩序”“大东亚共荣圈”等，此外，也上文化课学日语，进行奴化教育。他们还让战俘军官和有文化的战俘写体会，谈感想，拿到广播电台来广播，印成传单散发到抗战部队用以劝降。

战俘的主要劳动内容：首先，是战俘营的劳动，即战俘营的生活保障、卫生清理、安全警卫，以及到战俘营的农场整地种菜。农场在太原西门外，每次劳动都是上午八点去，下午五点归，中午每人发一个馒头。农忙季节，日军每天都会抽调几百人到农场干活。其次，是让战俘在太原参加市政工程，如修马路、补桥洞等。

几个月以后，日军根据对战俘的了解情况和战俘在集中营的表现，把部分战俘送往日伪机关，部分送往煤矿、车站、木材厂当劳工。而工程队的主要干部，在战俘营干几个月或一两年后，作为奖赏大都送到日伪军、政、团机关安排了职务。

随着战俘营战俘人数的增加，战俘管理组织也越来越健全。通常情况下，工程队设队长 1 人、副队长 2 人，基本上由日军管理人员和翻译指定，有时也让离任的队长推荐。工程队队部直接领导警卫班、炊事班、医疗室、大仓库等队部人员，负责管理全工程队被俘人员的起居、饮食、卫生、劳动等一切事宜。曾经在工程队担任过队长、副队长的有蔡雄飞、汤家汉、韩时梅、李树德、武兆六、慧伍德、庄同等。

被俘人员按照中央军、晋绥军、八路军、老百姓等类别，用“天、地、人、财，春、夏、秋、冬，东、西、南、北，甲、乙、丙、丁，松、竹、梅、兰……”字编号分班。每字1 000人，设1名队长，队长由日军从被俘人员中挑选。队下设有班，每100人编1班，设班长1人，由队长指定。班下又设3个小队，各设小队长1人。战俘一进集中营，就发给一个白布胸章，上边写着战俘的类别号码，此后就只呼号，不叫名。

3. 俘虏的来源与去向

太原战俘营关押的战俘是日军华北方面军第一军所属部队在山西境内作战的俘虏，以及军、警、宪、特抓捕的抗日军政人员。俘虏中有国民党中央军、阎锡山晋绥军、共产党八路军、新军及游击队，还有少数抗日民众。

战俘在集中营以做工为主，除了在营内干杂活、在市区干活外，或参加市政民用工程，或到日军仓库从事搬运装卸工作，或到日军营区修建军事工程。一般在关押三五个月后，会被送出战俘营充作劳工。被送往的太原本市厂矿多为日军管理的或日本株式会社管理的厂矿，如太原电灯厂、太原毛纺厂、太原铁厂、太原火柴厂、西山洋灰厂、西山煤矿及山西劳工局、太原劳动统制委员会的劳工队等；送往华北境内的多为矿山，如宣化铁矿、大同煤矿、阳泉煤矿、唐山煤矿、井陉煤矿、宁武轩岗煤矿、灵石富家滩煤矿，以及宁武木材厂等；送往伪满洲国地区的有鞍山、四平、大虎山、抚顺煤矿及“北满”黑河等地的军事工程；送往华中的有浦口、裕溪口码头和无锡、淮南煤矿等。在太原战俘营人员饱和时，也大批大批地把战俘转往北平和天津战俘营。另外，驻山西日军各部队在外出扫荡作战时，还组建临时工程队随军作战，并修路架桥、搬运物资。

日军占领时期，整个山西省都归日军第一军管辖，为了能够长久统治山西省，日军在山西境内进行过多次“扫荡”“清剿”作战，因此第一军所属各师团、旅团在山西各地还建立了许多俘虏收容所、留置场、工程队，比较大的工程队如临汾工程队、运城工程队都关押了成千上万的战俘。因为太原是山西省会，又是日军军部所在地，所以山西各地除将战俘直接送往华北、东北充当劳工外，大多数都先送到太原战俘营，然后再送往各地。太原战俘营到底关押了多少战俘？因日军销毁了战俘营档案，没有找到相关的登记和统计，根据工程队几任战俘队长和战俘劳工的回忆估算，从1938年6月建立到1945年8月结束，7年间，关押人数估计有6万之多，也有的学者统计约10万人，而关押战俘最多的时间，是在中条山战役之后，一度营内关押战俘达1万多人。

据幸存者董汉章回忆，他被关押期间，战俘营曾关押着4名女战俘，她们是日寇进行“强化治安”时在晋西北抓来的，都是妇救会干部。这4名女战俘被关押在官字号房内，日寇对她们昼夜轮奸不休，最后不知下落。

4. 战俘营的吃穿住

战俘的住房，除了紧靠北面围墙的西北角有一排砖瓦房是少校以上战俘、女战俘以及病号的住地，其他的被俘士兵都住在大院西南角的小平房里。住在这里的一般战俘，枕的是砖头，铺的是烂草，晚上睡觉都是头对脚交叉睡，像羊群一样，个挨个、身擦身，人与人之间没有一点空隙，人们把这种交叉居住的情况形象地叫作“插萝卜”。

战俘们除了被叫去干活外，平时不得随意出入房间，也不准相互说话。他们拥挤在一起，呼吸着房间内的污浊空气，几近窒息。夏天，很多人的皮肤都溃烂了。

至于战俘住的小平房，更是房低、屋小、潮湿，时常臭气熏天。战俘初去，只发给破旧的脏棉毯一条，铺盖都是它，寒冷时，又是整日身披的御寒物，生活苦不堪言。

战俘在太原战俘营穿的衣服都是被俘时穿的破衣服，不管你在里边干什么活，住多长时间，都不给换。有的人穿单衣进的战俘营，干一夏天活，早已破烂不堪，到了冬天无法御寒，敌人也不管。八路军战俘赵天财身上无衣，肚里无食，冻得全身发抖。在去厕所的路上捡了一个装石灰的草袋，晚上睡觉时钻在里面挡风寒。不巧来了一个日本兵查房，用刺刀挑开草袋不叫他睡。还把他拉到井口，提起两脚向井里抛。难友们求情也不顶事，生死关头又来了两个鬼子，互相嘀咕一阵，赵天财这才免去一劫。也有一些人因忍受不了敌人的折磨，含恨跳井无辜死去。国民党军队中被俘团长王至善就是跳井自杀的。

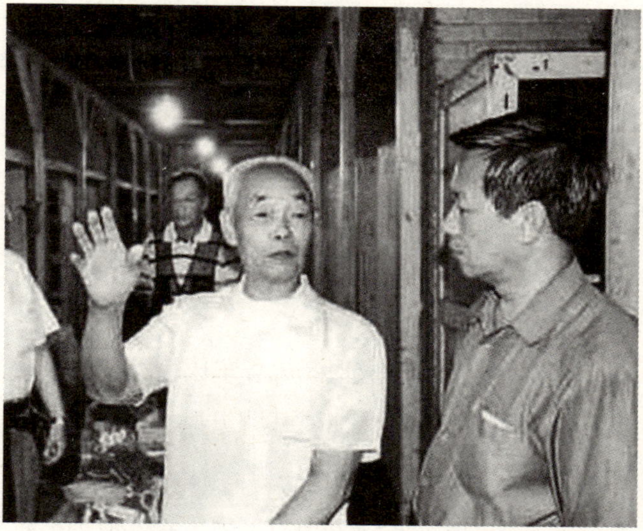

图2　幸存战俘张开明（左）在太原战俘营牢房遗址，向本书作者何天义（右）介绍当年的苦难（何天义研究室征集图片）

战俘们的饭食，是像牛马饲料一样的麦麸、黑面，发了霉的玉米、小米，高粱算是最好的主食。每人每天的供给量按规定是一斤，但还经常受到克扣。一天开两顿饭，每逢开饭时的场景更是难以想象。战俘们先要排成面对面的两行。饭食盛在一个个的箱子内，由炊事员拉着盛饭的箱子从两行人的中间走，走到哪个战俘前，哪个战俘就伸手抓一把饭，有的把饭抓在了自带的茶缸内，有的没茶缸，就把饭抓在了帽子里，也有的用衣襟去包，动作慢的或没有抓好的就要面临饥饿，如此下去，对身体和生命都是一种威胁。

有个20岁的战俘因为正是长身体阶段，饭量较大，但战俘营给饭很少，还经常吃不上，他因饥饿难忍而精神有点失常，竟爬到厕所里吞食别人的大便。战俘们看到此情此景，有的摇头叹气，有的气愤至极。

一次，有4个战俘被指派为日军喂猪，因饥饿难忍，他们偷偷跳进猪圈捡吃猪食槽里的白菜根，不巧被日本兵发现，上来就是一顿棍棒，一人当场被打死，两人被打得气绝，后经难友抢救才又复活。

日军在营院内修筑岗楼时，战俘们因饿得两腿发软，往台上背砖时两腿颤抖，砖块常常从背上掉下来，监管的日军不分青红皂白，举起枪托就是一顿毒打，当场活活打死2人。战俘大院大门附近的水井虽有门卫监管，但扔不断有人因不堪饥饿等原因而跳井自杀。战俘跳井淹死后，死尸打捞上来，水井也不淘洗，照旧使用。水井边设有一些水槽，是战俘洗脸洗手的唯一设施，除此之外，战俘营别无其他卫生设施，因此大多数战俘进营后无法洗手洗脸，更别说洗头洗澡，个个都蓬头垢面、衣衫褴褛。

5. 病房实为等死房

日军在战俘营设立的病房，实际上就是等死房，根本不对战俘病号进行认真的诊断治疗。俘虏大量患病，是肮脏的饭食、恶劣的住宿、恐怖的环境和被毒打虐待等因素造成的。但患病的俘虏却不敢说自己有病，担心会被送进病房。除非病情严重，掩盖不住了而被日军发现，会被强行送入病房。而只要被送进去，就很难活着出来。因此战俘都视病房为死尸制造厂，闻之色变。

太原战俘营的重病号经常有一两百人。这些病人一部分是日军巡视住宿地时发现有卧床不起的病人，借口怕传染要对其进行隔离而强迫送进去的；另一部分是遭受毒打至伤从而行动起居不便被送进去的，其中重病不能活动者常常还没死就被拉出去活埋。有时战俘们也用送病房为手段惩治坏人，保护同志。

有个投降日军的汉奸叫刘化南，被俘前，他在休养所治疗时叫战士们一起离开休养所回家，实际是引着大伙投降日军，等大伙知道受骗后已经成了俘虏，所以一块被俘的战士都非常恨他。他为了享受日军的优待，经常在巡视的日军面前献殷勤，说别人的坏话，使战俘们经常挨打、挨骂。有一次他病了，那些战俘就检举他“病重”，结果他被送入病房，不久就死了。

战俘肖平在战俘营里患了严重的感冒，难以支撑坐起。当日军巡视牢房时，周围的战友为了不让日军看到他有病而将其抬走，赶忙将他扶起来，坐在难友中间进行掩护。他虽然毫无力气，但在难友身体的夹靠中还是坐了起来，从而避免了被日军送进病房。晚上，为了让他发汗治感冒，难友们用烂棉毯包住他，让他闭住气，大伙儿用身体压着他，强迫他出汗。最终他发出了汗，治好了感冒，没有被拉进等死房，避免了一次死亡灾难。

传染病流行时，日军不但不给治疗，还在大院外用席棚子建造所谓的隔离所，病人进了隔离所只有等死。白天晚上都可以听到席棚子里传来的惨叫声。有的战俘并没有病，日军却说他中了毒，强行注射一种针剂，结果使一个个健壮的战俘立即毙命。有时大量战俘罹患重病，战俘营的病房容纳不下，他们就会被转移出去。说是隔离治疗，实际是集体残害。

战俘们被折磨得骨瘦如柴，加之恶劣的环境，促使战俘营中传染病盛行。有时大量俘虏患上重病，战俘营的病房容纳不下，他们就会被转移到战俘营外的地方隔离治疗。怎么治疗法呢？原任日本山西陆军特务机关的特务织田又藏于战后交代了当时的情景：

> 在太原城的东北角不远的地方，有一座建筑物，周围是高高的围墙，上面架设着铁丝网。在它的角上还设有望楼，守卫的日本士兵架着机枪日夜巡逻。这就是日本军在太原城内设立的一座人间地狱——“太原工程队”。
>
> “太原工程队”只不过是它对外公开的名称，实际上就是一座俘虏集中营。这里，收容着来自山西省各个战场上的俘虏，有八路军、国民党军、山西军、游击队

员，有干部、士兵、地方行政人员，也有不少无辜的和平居民。特别是 1941 年，在日军所进行的春季大“扫荡”中，俘获的数千名俘虏大多数都被关到这里。

一进这里，就完全丧失了自由，每天过着牛马不如的生活。每月的食粮规定是每人 20 斤，但战俘们不仅在食物数量上会受到克扣，而且吃的尽是些牛马的饲料，如豆饼、麦麸、黑豆等，高粱就算是最好的主食了。至于卫生条件，根本谈不上，过着病不得医、饭不得饱的悲惨生活。而且还受着非人道的虐待，每天从事长时间的重体力劳动。每天都有死亡。活着的人，有的送出去充当劳工；有的被作为实验品，进行活体解剖或细菌试验；有的被当作活靶，进行刺杀劈砍训练。

1941 年，我正在日军的山西陆军特务机关担任官员。8 月的一天，我接到了机关长植山英武的命令，要我前往集中营将一批重病号移交给省政府看管。这批重病号有 200 多名。由于恶劣的待遇、繁重的劳动，一个个面黄肌瘦、身体疲惫，不少人还患有传染病，已不能自理和行动。

我找到了省卫生事务所所长宋彻，说这都是敌军的俘虏，好歹有个地方就行了。于是腾了 4 间房子，每间可住 20 个人的房间住进了 50 多人。门已坏，窗户上也没有玻璃。

几十个人挤在一间病房里，不要说伸腿舒腰，就连翻身也很费事。一个个穿着仅有的一件破烂衣服，蓬头垢面。正直炎热的8月，动则汗流如雨，有的战俘失禁的大便只好用自己的袖子卷包出去。一进房间就感到臭气逼人。病魔缠身受着死亡折磨的俘虏们，都怀着一颗无比憎恨的心。

每天的饭食，除了个别轻病号能吃到一顿一般劳动的人能吃到的干饭外（这是因为轻病号还有恢复体力可以继续供奴役的可能），其他人一天两顿粥。炎热的伏暑，每天也只能喝到一次水。

省立医院的森川大夫只是来转了转。不少病人不见好转，而重症病人却在增加。特别是一些患有伤寒、痢疾的病人，都被送到另外一间暗室里，挤在一个土炕上，更无人再来过问。在这个漆黑的世界里，等待着他们的只有死亡。

在这期间，有24名战俘死亡。他们死后有的用席子一卷扔到南门外的乱塚里，有的则被送到同仁会医院做医学解剖。活下来的，一部分被送到劳工协会强制劳动，其余的又被送回到了太原工程队，继续过着暗无天日的战俘营生活。

6. 城墙根的万人坑

太原战俘营平时一天死一二十人，多时达五六十人。死后都拉到战俘营东边的东城墙根埋掉。东城墙西边有500米宽的空地，空地上有十来条大沟，还有一些大坑，坑深有一米多。战俘劳工死后就扔在大沟大坑内。推下尸体后，埋上几锹土就算完事。有的一个坑内埋二三十具尸体，有的一个坑内扔六七十具尸体。人们称这里为“万人坑”。因为掩埋不深，经常有几条野狗在这里啃食死人；爱吃人肉的老鹰也盘旋在空中时上时下，与野狗争食。

一次，战俘肖平等几个人被派去掩埋尸体。他们拉着几具尸体到达万人坑，老远就看见老鹰和野狗在抢食半埋半露的尸骨，等快走近时就闻到腐尸发出的臭味，令人恶心窒息。他们轰走群鹰和野狗，但找不到可以埋人的地方，好不容易挑选了一片洼地，走过去就觉得脚底下虚软，用铁锨稍挖一下便看见有死尸。实在没地可埋，他们只好把浮土移走，将新拉去的尸体放在以往尸体上边，想埋厚点却找不到可取的土，只能盖上两三寸土，就算埋了。

后来这些坑埋满了，没法再埋了，日本人就让人把尸体拉到赛马场万人坑或城南乱石滩。小东门外 100 多米远有 3 口枯井，井口有五六尺，井深不见底，后来都被尸体填满了。这些坑里、井里到底埋了多少人，谁也说不清。据董汉章回忆，1942 年夏天，集中营有个伪职员，曾拿着一包约有 5 两重的从死去战俘嘴里拔下的黄牙壳子，到帽儿巷街当金牙去卖，各商号均因其非金牙而拒收。死亡战俘之多，由此可知。

而在这里的万人坑，白骨累累，野狗乱窜；大坑周围，老鸦飞落，寻找野狗吃剩的尸骨腐肉。战俘们说这是：“活俘抬死俘，活俘埋死俘，活俘往回走，一群野狗吃死俘。”

这对每一个亲眼看见、亲身经历的中国人来说，都是一种恶性刺激，一种精神折磨，但他们的义愤填膺并没能阻止日本兵丧失人性的为所欲为，他们的尊严和他们的生命在日本人的眼里依旧轻如鸿毛。曾在太原战俘营担任淘粪工的农民李成牛说，他在淘粪时经常挖出战俘尸体。战俘使用的粪坑就在战俘营的院里，有一丈余深，李成牛在这里共挖出 14 具战俘尸体，其状惨不忍睹。1940 年 1 月到 5 月，他去战俘营淘粪时，每次都要经过太原城门，城门洞深有 6 丈，有十几个洞，每个洞都被战俘的死尸堆满了。看到自己的同胞被日军如此摧残，他感到痛苦万状。后来他参加了战俘营的地下工作，他的家也成了八路军的交通站。

三、晋绥区的八路军战俘

1940年秋，八路军总部发动了百团大战，给华北日军以沉重打击，日军为了报复，加强了对抗日根据地的冬季扫荡。位于太原西南的晋绥八分区和地委、专署机关在吕梁山区与敌人打游击中，被敌侦察机发现，敌人将其包围在汾阳县三道川中庄（现交城县），电台和医院全部被摧毁，文件档案物资全部落入敌手，机关人员在突围中不是牺牲就是被俘，三大机关和配属部队有200多人被俘，遭受分区战史上最为惨重的损失。被俘的干部、战士虽然落入敌手但不甘屈服，被押到太原战俘营后又团结起来进行了顽强的斗争。为首的就有八分区财务科长刘侵霄和司令部作战科长兼侦察科长李一夫及景涛等人。

1. 晋绥八分区反“扫荡”

1940年10月，刚刚参加完百团大战的八路军晋绥军区第八分区，在撤出战斗的途中遭到了日军数次报复性扫荡。为了避敌锋芒，他们在吕梁山打起了游击战。12月21日分区、地委、专署三大机关转移到汾阳县中庄一带，1 000多人只有一个警卫连。晋绥八分区供给部临时驻地安排在中庄下面的后沟村村头的几个院子里，地形不是太好但又没有合适的地方，分区财务科长刘侵霄和战友们就住在这里。连日的反“扫荡”作战，指战员们都非常累，好不容易脱离了敌人的尾追，大家都想放松心情好好睡一觉，但因一些具体问题，供给部里发生争执，吵得刘侵霄不能入睡。身体虚弱的刘侵霄，在半月前作战时被日军的毒气弹熏得差点要了命，至今两眼红肿还没恢复，又患了重感冒，发着高烧浑身疼痛，几天吃不下饭。因为同屋有人说话，他翻来覆去睡不着。想到快过年了，领导指示要给部队发点过节费，他索性起床做些准备。天不亮他就爬起来整理财务单据，埋头账簿之中。

快到拂晓时，突然枪声四起。刘侵霄以军人的敏感对枪声进行判断，认为部队驻地被敌人包围了，于是叫醒大伙立即突围，几个行动快的战友什么也没拿，跳起身就冲出去了。面对桌上的一大摊账簿、票据、现金等，刘侵霄神情镇定，以最快的速度将其收拾到一块儿，装进大挎包背在身上，临走又对屋子扫视一遍，看看有没有落下什么东西。可就在他要往外冲时，日本兵已经打到他们住的院子的门口。眼看着几个战友已经倒在门口，分区卫生部部长也牺牲了，刘侵霄认为前门出不去了，急忙转身进屋打开后窗，翻过后墙，往山上爬去。上山的小路又窄又陡，一下涌来很多人，大家都想赶快脱离险境，结果谁也跑不快。奔跑中他不慎摔倒了，又爬起来接着跑。

日军又从村子里追了出来，上山的小路被敌军火力封锁了，机枪子弹密集得像雨点一样打过来，指战员们根本顾不上躲，只顾往山上跑。刚爬上一个小山坡，跑在刘侵霄前面的出纳科科长冯书勋中弹倒下，刘侵霄拉了一把没拉起来，回头看见会计李继友也牺牲了。只见周围的人一个个倒下，刘侵霄感到左臂受到一下撞击，鲜血顺着胳臂染红了左半身。他顾不上伤痛，一门心思地向前奔跑，想努力保护好这些账簿和现金。

刘侵霄正精疲力竭地攀着小树枝往山上爬，忽听后面有人对他喊："现在地形对我们很不利，敌人火力正集中扫射这一片，你快过来躲一下，山上有咱们部队掩护，稍等一会再跑。"回头一看，是分区司令部作战科科长兼侦察科科长李一夫和几个参谋在一个干枯小水渠里隐蔽着，于是，他飞快地几步跳到李一夫身边。看到刘侵霄负伤了，战友们给他做了简单的包扎。当看到他背个大挎包时，一个战友说；"情况已这样危急，你还背这么多东西，快扔掉了好跑哇！"刘侵霄听了，把挎包往胸前挪了挪，抱得更紧了，"这是咱部队的账簿和现金，是分区的家底，怎么能扔！""那就找地方藏起来！"不容他分说，战友们上去便把挎包撸下来，几个人用脚蹬了一些土，把挎包埋了起来。

这时，山上的枪声停了，山下的枪声也稀了。李一夫让大家趁这个空隙赶快跑。可他们几个人刚出水渠，一群日本兵就围了上来。他们都没有武器，好几个人还负了伤，既无法抵抗，也跑不脱。就这样他们被俘了。在日军集中俘虏的时候，他们又看到侦察科副科长王丕绪等人。

中午时分，日本翻译拿了一张表格，让被俘人员填写登记，他们合计了一下，都填写了假姓名、假身份、假职务。刘侵霄填的是“刘韦新（违心的谐音），供给上士”；李一夫填的是“李山，文书上士”；王丕绪填的是“王九三，管理科勤务员”；景涛填的是“郝有金，供给中士”……多数党员干部都隐藏了自己的真实身份。

2. 打谷场上的审讯

当天上午，日军把刘侵霄押到山下一个打谷场上，几个日本兵和汉奸用刺刀对准他的胸膛，逼问八路军的粮食、武器和弹药藏在什么地方。刘侵霄心想这是部队的命根子，打死也不能说，就回答：“不知道。”

一个汉奸走上来说道：“刚才你们的人说，你们供给部的人知道粮食武器藏在什么地方。”

刘侵霄说：“我只是一个上士，怎么知道粮食武器藏在什么地方！”

见刘侵霄这个态度，几个日本兵扑上来，把他打倒在地，用皮鞋在他头上乱踢一气，踢得他的头像要裂开一样的疼痛。一个日本兵骑在他身上，使劲卡住他的脖子……见他还是不说，就用一根绳子套在他的脖子上使劲地勒，刘侵霄几次被勒得昏死过去，又几次被凉水浇醒。因为他病了几天，又在作战中负伤，敌人看他快不行了，便把他拖了回去。接着日军又把民运科科长景涛等人拉出去挨个审讯，像对待刘侵霄一样刑讯逼供，而他们同样都没说出埋藏粮食武器的地方。

晚上，敌人进行了第二轮审讯，重点还是供给部的人员，为首的还是刘侵霄。当时已是寒冬，日本兵正围在一起烤火取暖，敌人把上午用过的刑罚又重复了一遍，手段更狠，打得更重，似乎是问不出点东西绝不罢休。几次把他打昏，几次又用水把他浇醒。反复数次后，刘侵霄反倒镇定了，他认为今天可能活不下去了，于是抱着宁死不屈的信念，不管敌人怎么打，怎么问，他都紧闭双唇不说话。

气急败坏的敌人拿出了更狠的招数，他们用铁锹铲了一堆烤火时烧红的木炭，拉开刘侵霄的后脖领子，一下给塞了进去。如同万箭射背，刘侵霄当即被火碳烫得昏了过去。因为还没问出口供，敌人又把他抬回临时关押地。等刘侵霄再次醒来时，已是第二天的傍晚。他微微睁开眼，见自己趴在一堆草上，战友们围在他的身旁，见他醒来，大家高兴地叫起来。他想动一动身子，可浑身剧痛。从战友口中他才知道自己的后背被烧伤了，但不知道后背已被烧得稀烂，用手一摸，就会粘上满手的浓血。

夜晚，刘侵霄的伤痛得睡不着，便同李一夫、景涛等人交流战斗经过和被俘的情况。听说分区司令员韩钧、地委书记饶斌、行署专员康世恩、供给部部长任象贤、粮秣科科长李凤年等领导，因住地地形有利、行动迅速，在敌人枪声刚打响时便跳出包围钻进山里，八分区虽然损失重大，但三大机关的主力得到了保存，大家为突围出去的战友庆幸，也为自己的命运担忧。

第三天，日军撤离战场，把没有负伤的俘虏和轻伤员集中起来绑在一起；把头上、腿上有伤，不能走路的重伤员拉出来，推到另一边。浑身挂血的刘侵霄开始被推到重伤员堆里，突然，一个日本兵发现他的伤在胳膊上，便上前推了他一把，看他走路还可以，便喊道“开路地顶好”，又一把将他拉过来，推到没有伤和轻伤员队伍中，刘侵霄便跟着俘虏队伍慢慢往前走。

可刚刚下坡还没出村，他们便听到身后传来机枪声和战俘们的口号声。毫无人性的日本兵把几十个不能行走的重伤员和分区医院的伤病员全都残暴地杀害了，临走时，敌人还在村里抓了十几个身强力壮的农民，同俘虏一块押着上路。

3. 押进太原工程队

刘侵霄和他的战友们被捆着双臂穿行在吕梁山区，走了整整两天才出了山。两天里没吃一口饭，没喝一口水，个个都被拖得精疲力竭。出了大山，日军把他们装上卡车，拉到汾阳城西日军的大营盘。关押了十几天后，日军又把这里关押的200多名八路军战俘押上火车闷罐车厢，拉到太原北站（今太原东站）。

当时正值隆冬季节，室外寒风凛冽，滴水成冰。破衣烂衫的战俘们被赶下火车，一路蹒跚到站台。一出车厢门，日军就开始用喷雾器往他们身上喷洒药水，称其为“消毒”。战俘们本来就没有什么御寒的衣服，数九寒天里又被从头到脚喷了一遍冷水，个个被冻得浑身发抖，站立不住蹲到地上。穿着皮靴、戴着皮帽的日军不顾战俘们的冷暖死活，用皮靴踢，用枪托打，强迫战俘起来站队，然后用长绳子把战俘们捆绑着穿起来，押往太原战俘营。

当晚，他们200多人被关进一间30多平方米的屋子，最后几个人是强推进去才关上门的。牢房里拥挤得两脚悬空都不会摔倒，大冬天挤在一块倒是可以相互取暖。可是刘侵霄因为背部有烧伤，稍微一碰就痛得钻心，战友们费了很大的劲才在墙角为他挤出一小块空间，避免再挤住他受伤的背部。刚进屋时，墙角还挂着霜。时间不长，200人呼出的热气很快把墙上的冰霜化成了水，顺墙流下，墙角又成了最冷的地方。后半夜，难友们迷迷糊糊睡着了。刘侵霄受刑时穿的单薄军装已被烧得破破烂烂，根本挡不住墙壁透骨的寒冷。由钻心的痛，到疼得麻木。就这一夜的煎熬，使刘侵霄在此后的几十年里只要稍有变天肩部就会疼痛。日军这一次的酷刑，整整折磨了他大半生。

第二天早晨，日军对新来的战俘进行登记。几个穿着晋绥军服装的战俘把刘侵霄等八路军战俘赶出牢房，列队进行审问登记。牢房顶头是办公室，办公室西边是操场，那里摆着一张桌子，一条长凳，几个战俘管理人员对新来战俘进行登记。一个穿着日本服装的中国翻译斜坐在桌子的一角，他右手拿着一根教棍，不停地在左手心里敲打着。看着列队走过进行登记的战俘，他不时地插话质问登记的人："你是被俘的，还是投降的?"刚入战俘营的人不了解情况，听到这样的问题，真不知该怎么回答，多数人会如实回答，有人要小聪明，以为说是投降的可以得到优待，就编瞎话说是“投降的，而且是带着枪投降的”。没想到翻译官却骂道：“软蛋！你他妈的怎么不带一门大炮来呢？啊？”说着就用手里的木棍朝着说话的人打去。如果说“被俘的”他就哼一声，看到典型的军人姿态，他偶尔也会冒出一句“有种”！

轮到刘侵霄、李一夫了。他们按照被俘时的口供顺利进行了登记，每人领到一块写着个人编号的白布缝在胸前。刘侵霄的编号是“人字 253 号”。晚上，晋绥八分区被俘的 100 多人被安排在人字号大牢房。李一夫、刘侵霄、景涛悄悄凑到一起，一块儿被俘的战友知道几位领导需要商量事，就主动向周围散开，为他们做掩护。刘侵霄首先谈了到工程队后的感受，“大家看到了吧，这里名曰工程队，实际就是个集中营，是残害中国战俘的魔窟。除了狗日的小鬼子该死外，那些拿着棍棒打战俘的中央军、晋绥军也很可恶……”想到审讯时中国翻译官的举动，他又转过话题说道：“今天那个翻译官有点意思，你们都看到了吧，专打投降过来的，不打被俘的，这个人我们要注意观察，也许会对我们有帮助。”

李一夫接着说：“我看鬼子这个集中营管理得不很严密，日本人对我们没有更多的审讯，只是简单地进行了登记，登记的是假话他们也不知道。如果他们认真核实，识破谁说假话也不难。我估计日军需要的就是劳动力，所以才不管你是共产党还是国民党，被俘后统统关押在一起，这样我们的心理压力能稍微轻一些，起码不用担心敌人逼迫我们自首叛党。”

说到这里三个人都沉思不语了。刘侵霄用手示意了一下，三个人围得更紧了。刘侵霄低声说道：“咱们不能这样下去，任由他们宰割；咱们要和他们斗，只有斗争，才能争取自由和尊严。我们这次进来的人不少，都是一个部队的，有条件组织起来和敌人斗。我提议咱们成立临时党支部，先把大家组织起来和他们斗争，然后找机会逃出去回到部队，只有逃出去我们才有生路。”

对于刘侵霄的提议，李一夫和景涛都表示赞同。李一夫说：“在汾阳监狱时，我就有这个想法，只是当时条件不成熟。现在的情况不同了，我们八分区的同志相对集中，大家相互了解，现在是成立秘密党支部的时候了。”

刘侵霄伸了伸受伤的左臂，向周围扫了一眼，说：“我们目前最主要的任务是把大家团结起来，增强应对残酷斗争的信心，千万别再出叛徒，尽量避免再受伤害，最终目的是逃出去，回部队，继续打鬼子！”

景涛也赞成地说：“对！最重要的是想办法越狱逃出去，重返前线。”

李一夫：“那是一定的，同时还要想办法和家里取得联系，请家里协助我们就更好了。”

最后，三人统一了认识，都认为在残酷环境下，每个人的思想都可能发生变化，对身边的被俘人员必须进行观察和考验，于是决定先对原部队的党员干部进行谈话、调查，然后再扩大范围，找其他部队的战俘谈心，等相互了解、情况熟悉后，再吸收立场坚定、斗争坚决的党员参加，秘密成立地下支部。

4. 战友相逢

一天，听说一批晋绥军战俘被押进战俘营，刘侵霄等人便到门口去看。忽然，一张熟悉的面孔从眼前走过，这不是抗日决死二纵队五团九连连长共产党员李滋吗？他怎么穿了一身晋绥军的黄呢子军装，而且戴着晋绥军少校的肩章，难道他已追随阎锡山了？

与此同时，刚被押进来的李滋也认出了刘侵霄，他先是一愣，怎么刘侵霄也被俘了？接着又转忧为喜，可以在战俘营找到党了。但彼此间谁也没有同对方打招呼，只是四目相对，彼此心照不宣。

刘侵霄与李滋是1939年初在抗日决死二纵队认识的。当时，刘侵霄任二纵队游击五团敌工科科长，李滋任五团九连连长，两人都是1936年参加山西牺牲救国同盟会、1938年入党的八路军干部。而战友李一夫于1939年曾在山西新军政治保卫二〇九旅任参谋长代旅长，在国民党第一次反共高潮中曾任北区司令员指挥反击国民党顽固派，在新军中有一定威望。李一夫、刘侵霄、景涛被俘前都是八路军的团级干部，李滋对这些情况都很熟悉，如果他追随阎锡山、投靠了日军，那对八路军被俘党员干部将是很大威胁。于是，刘侵霄等人便私下找晋绥军俘虏打探李滋的情况，看其是否投靠了敌人。

进战俘营几天，李滋也没见刘侵霄等人找自己，他想刘侵霄等可能对自己的着装、身份有疑虑，于是便主动寻找同刘侵霄谈话的机会。一天，两人在上厕所的路上相遇，李滋把刘侵霄拉到院子的一个墙角处做了一次诚恳的谈话，李滋首先介绍了两年来在山西新军的抗战活动和暴动、被俘的经过。

山西新军是抗战爆发后由薄一波等共产党人创建的，由山西进步青年组成的，由“山西抗日牺牲救国同盟会”和“国民兵军官教导团”的骨干组成，在中国共产党领导下的抗日革命武装。它名义上归属地方实力派阎锡山的山西军队系统，归国民党二战区指挥。实际上一直受中国共产党领导，是中国共产党抗日民族统一战线政策的产物。卢沟桥事变爆发不久，山西新军发展很快，以山西青年抗敌决死队等为骨干，发展到有正式番号的部队 50 个团，总兵力达 8 万人。为了争夺这支队伍的控制权，1939 年初，阎锡山仿照蒋介石“峨眉山军官训练团”的模式，在山西秋林和山西吉县举办了“二战区新军军官集训队”，不仅集训新军团级以上干部，而且把新军营、连级干部也轮训一遍。每期集训班，阎锡山都要找团级以上干部谈话，每人发给 300—500 元的“长官津贴”，还要填写一份“效忠长官书”。3 月 25 日，阎锡山在山西秋林召开二战区军政大会，会期拖延 3 个月之久，目的是让牺牲救国同盟会和新军的领导干部长期脱离部属，以便其另派亲信打入新军挑拨离间，分化瓦解。会上阎锡山抛出了所谓《军事统一方案》，取消新军，取消决死队，把新军统一列入二战区的晋绥军建制。由于新军领导坚决反对和激烈斗争，阎锡山的和平收编没有实现，于是便武力解决。他调动6个军的兵力，在国民党中央军的配合下，对抗敌决死队二纵队进行讨伐，挑起了晋西事变。经过20多天的艰苦斗争，决死二纵队突破顽军的围追堵截，在八路军一二〇师三五八旅接应下，陆续进入晋西北，此后一二〇师组建了晋绥军区，决死二纵队改编为八路军晋绥军区第八分区，刘侵霄等随二纵队编入晋绥八分区。而李滋等一批新军干部到二战区“新军军官集训团”集训，却被阎锡山扣留，逼其参加阎锡山的晋绥军，不然就不准离开集训班，还有被杀害的可能。为了金蝉脱壳，李滋和几个新军干部商议假装顺从，先答应阎锡山的要求，待出去后再把部队拉回决死队。

这时，决死二纵队主力已从晋西南转移到晋西北，阎锡山为填补晋西南的政治空白，急需大批军政人才，这样李滋就被派到中阳县，任国民兵团少校团副。这个国民兵团是国民党第三十三军的一个补充团，虽然有300人，但没有一条枪，阎锡山对其仍是不信任。李滋到任后，一边补充兵团革命力量，一边派人寻找原部队，但一直没有同组织取得联系。好在该团有不少决死二纵队人员，李滋很快得到了这支部队的控制权，他先对部队进行了徒手和木棍操练。1941年2月，他带领补充兵团举行了暴动，首先解决了县公安局，缴获了50多支枪，连夜将部队向晋西拉，试图回归决死二纵队。可能阎军早有准备，暴动部队刚刚拉出就被阎军追击，他们边打边退，没走多远又遇上日军伏击，李滋等60多人被日军俘虏，押送太原战俘营。

李滋迫不及待地把秋林集训到暴动被俘简单地讲了一遍，最后激动地说：“当我第一次看到你们的时候，别提有多高兴，我就好像已经找到党组织，像久别的孩子找到亲人一样。我可以郑重地告诉你们，我没有叛党，我希望找到党恢复组织关系，我希望通过你们请组织审查我这一年多的经历。”这是李滋的真情表白，他经过晋西事变的变故和经历，饱尝了脱离党组织的孤独和无助，也体会到抗战路上的艰难。

刘侵霄默默地听了李滋的叙述，对他的遭遇表示同情，但是没经过调查核实还是不敢轻信。于是说：“我们也是被日军打散了抓进来的，我们也和党组织失去了联系，我关在这里面，也没办法和党组织联系，等以后有机会再说吧。千万记住，我们是以假身份进来的，我现在的身份是上士，名字叫刘韦新。如果你还认识其他人，也不要去相认，就叫我们编号好了。”

李滋也说：“我从二战区集训队出来到中阳县后，也改了名字，现在叫李树德。”

初次见面，刘侵霄对李滋的情况有了一定了解，他回到牢房，便把情况向李一夫和景涛做了通报。又找了几个可靠的八路军战友分头了解李树德等人的被俘情况，从李树德一块儿被俘人员的口中，证实了李树德说的是真话，他没有叛变，没有暴露共产党员的身份。

刘侵霄等人庆幸战俘营多了一位有斗争经验的战友，为临时党支部的成立多了一份力量。

不久，日军从太原工程队挑选了500人到晋南运城修飞机场，晋绥八分区这批战俘都被选上了。刘侵霄与李树德这两个刚刚重逢又要分开的战友进行了一次长谈。李树德不知从哪里找了件破大衣给刘侵霄披上，并询问其伤势如何。刘侵霄感谢李树德的关心，满不在乎地介绍了一下病情，并谈了趁外出干活逃跑的设想，安慰地说道："你的情况我们了解了，我们还是同志，以后如果有机会还会再联系。"并希望李树德多加保重，设法脱险归队。李树德希望刘侵霄跑回部队后，一定把他的情况向组织汇报。双方都有一种生离死别的感觉，相互激励了一番才依依不舍地分手。

5. 新上任的工程队长

刘侵霄等人刚被派出修飞机场没几天，将校班战俘牢房的周续亮就来找李树德。周续亮是干什么的？有人说他是东北抗日联军的团长，有人说他是山西抗日决死队一纵队的干部，真实身份没有暴露，但平时说话倾向共产党。据说他被抓进太原战俘营已有两年多，上上下下混得很熟，同中国翻译陈财关系较好，可以随便到战俘所住的牢房和院子里串门走动。

李树德与周续亮以前不认识，被俘后在牢房周围见过几次。这次两人会面，周续亮就开门见山地说道："现在的工程队队长韩时梅已在此干了一段时间，年纪也大了，日本人准备释放他，陈财翻译要我推举一个人，接替韩时梅当队长。我已经观察了你一段时间，你同八路军那边关系不错，你有阎锡山晋绥军的军官身份，我看你当这个苦力队长再合适不过了。”

李树德一听，着急了：“你叫我当汉奸吗？”

周续亮不急不忙地继续说：“当这个队长不是只给敌人做事，不是当敌人的官，也不是效忠敌人；而是当上队长后，能利用队长的职权，照顾受难的同志，能为我党工作。能为我们的同志脱险、归队想点办法。”

“工程队情况这么复杂，同日本人打交道，我可不行。”

“这些天我一直留心你，看你在方方面面的人员关系上处理得不错，我看你能行。”

李树德还是不情愿。

周续亮又接着说：“这么说吧，日本人肯定不会让八路军的人当这个队长，如果让国民党的人当了这个队长，大多数战俘的日子肯定会更不好过。这个领导权我们得争，平时你想当这个队长，还不一定当得上呢。现在有这个机会，就不应该轻易放弃。况且，虽然让你当这个苦力队长，但你仍属被俘人员。”

经过周续亮一番劝说，李树德的思想有了转变，他觉得周续亮说的话也有道理，便答应下来。周续亮又说：“可这苦力队长也不是由你我来决定的，虽然不由我们决定，但我们可以活动，还要做翻译陈财的工作。”

此后几天，李树德的思想一直很矛盾。他心里想当这个苦力队长，为同志们做点好事，又怕当上队长后不了解情况的人骂他是汉奸。想找刘侵霄等人商量，可他们不在身边，左右为难了好几天。

因为战俘营的日伪管理人员不了解李树德的真实身份，都认为他是阎锡山晋绥军军官，反日思想不强，可以利用，不久就让他担任了管理全战俘营战俘的工程队队长。这天，原工程队队长韩时梅把李树德叫到翻译陈财的办公室。陈财对他说："韩队长明天释放出去，你是阎锡山先生的部下，我们信任你，你从今天起就接替队长吧。"李树德就这样在犹犹豫豫中当上了管理数千战俘的工程队队长。这样一来，李树德也有了广泛接触战俘的便利条件，从中陆陆续续知道了十几个未暴露党员身份的战俘。就在这时，刘侵霄等人又被从运城押回太原。

6. 战友的疑虑

刘侵霄、李一夫等人原本想趁去运城修飞机场找机会逃跑，没想到机场戒备森严，24 小时都有日伪军警戒，机场周围是小平原，没有可利用的地形地物，他们虽然想了一些办法，但都没有成功。不知什么原因，才过了 20 多天，机场还未修好，他们又被押回太原战俘营。回到战俘大院的第一天，他们就惊奇地发现，20 天没见，李树德竟然带上了队长袖章，当上了太原工程队的队长。眼前的场景使他们产生了许多想法和担心，刘侵霄想，莫非李树德以前说的话是假话？他被俘的经历是瞎编的？我们对他的审查是否出了偏差？他会出卖我们吗？为安全起见，他们当即采取了一些紧急措施，决定在没有了解实情前暂时疏远李树德，做好各种应变的准备。刘侵霄还暗暗庆幸，没有把准备成立临时支部的事告诉李树德。但当他把在战俘营几次谈话的内容在脑海里翻来覆去地分析时，他又觉得李树德不会是坏人，会不会有其他想不到的原因。他们一边思索着，一边注视着，观察着李树德的表现。

刘侵霄等人的疏远，李树德也看在眼里，但他没有急于辩解。相反，他更加主动地接近八路军战俘并给予照顾，有时送些干粮，有时聊天谈心。经过一段时间的观察，刘侵霄等人发现战俘营没什么变化，李树德也没做什么坏事。于是决定不再躲着李树德，主动找机会同他谈话，了解这 20 多天里战俘营到底发生了什么事，李树德是如何当上工程队长的。

两人见面，刚寒暄几句，李树德就直奔主题："你是怎么当上队长的？看来小日本挺赏识你的！"

李树德苦笑道："我知道你们又怀疑我了，事情不是你们想象的那样，我也是没办法，才当上这个队长的。"

刘侵霄着急地问道："到底是怎么回事，我们刚走 20 天，你就升官了。事情来得太快，我们连反应的时间都没有，确实吓了我们一跳。不瞒你说，我们以为你搞了小动作。大家确实紧张了几天。你快点说说吧。"

李树德这才慢慢地把周续亮推荐他当队长的经过说了一遍，刘侵霄了解到真相，渐渐地放下心来。李树德继续说道："事情当时来不及，你们又都走了，我连个商量的人都没有，我只好硬着头皮把这个队长承担下来。好在你们很快就回来了，我又有了依靠和帮助，有了主心骨。对于怎样当这个队长，我也有点想法，本想找你们征求意见，可你们老躲着我。我知道你们误会我了，也不信任我了。所以我也没有急于找你们，而是想用实际行动告诉你们，我还是原来的我。”

刘侵霄听后，安慰了几句：“你当队长我们确实感到意外，不知该如何处理。现在把情况搞明白了，大家就放心了。你不是一直在找党组织吗？你不是一直想回部队吗？现在就是对你最大的考验。你既然当了这个队长，就要充分利用队长的权力。你刚才不是说有些想法吗？说说看。”

“我当队长后想做的第一件事就是调整与更换卫兵班和炊事班的人事情况，而且已经在做。”战俘营的卫兵班和炊事班由战俘组成，中央军和晋绥军的战俘基本垄断了这个工作，他们不但吃得好，不用做苦工，而且欺压八路军、新军战俘，态度恶劣，经常打骂人，简直是战俘营中的恶霸。于是李树德一上任就打算对这两个班进行调整，准备挑选一批政治觉悟高、有斗争经验的八路军人员和一些老实本分的中央军、晋绥军人员组成新的卫兵班、炊事班。

刘侵霄一边听，一边插话说：“这是好事，但不能着急，如果突然这两个班都换成八路军和新军的人，会引起日军的警觉。要想个万全之策，既要把我们的人安排进去，又要想办法让日本人看不出来。”于是两人商量，让中央军战俘与八路军战俘互换衣服，褂子裤子插花换着穿，以掩人耳目。

李树德想做并且已做的第二件事，就是利用队长的身份找战俘谈话，了解情况，惩办横行霸道、欺压难友的坏分子。不使八路军战俘和那些老实人受了日军的残害后，再受兵痞无赖的欺负。就在十几天前，有一个战俘因受不了这种虐待，跳井自杀了，战俘们每逢吃饭就想起这件事，既恶心又愤恨，憎恨可恶的日本人和战俘营的恶霸，这也加强了李树德整治的决心。

此外，李树德也谈了一些想法："最重要的是当上这个队长，我们就有挑选、分配战俘出去做苦工的权力。日本人要战俘去日本或东北等地当劳工，对那些难以越狱逃跑的地方，尽量不派我们的人；反之，对于山西本地有可能逃跑的地方，尽量派我们的人，以便他们逃离归队。"刘侵霄赞成李树德的想法，并补充道："你当这个队长的首要任务是营救更多我们的同志，脱离这个人间地狱，回部队继续打鬼子。"

李树德说："那当然！我说的那几条，都是为了这个主要目的。另外，我觉得翻译官陈财还有中国人的良心，可以试试做做工作。集中营的战俘医官陈跃庭也是好人，经常表露出对日本人的不满，我想争取他俩为我们做事。"刘侵霄同意李树德的想法，建议需要进一步了解再行动。两人又谈了些具体事情，随即分手。

当晚，刘侵霄就向李一夫等人做了通报，大家不仅消除了连日来的疑虑，增强了斗争的决心，还对如何利用这个机会做了分析和研究。接着又对建立临时党支部的事进行了讨论，都认为时机已经成熟，应该尽快组织起来。

此后，刘侵霄等又同李树德进行多次沟通，反复斟酌，筹划成立了以晋绥八分区战俘中的党员为主，吸收八路军其他部队的被俘党员参加的临时党支部。冬去春来，他们在敌人枪刺下的战俘营秘密召开了临时党支部第一次支委会。会议建立了以刘侵霄、李一夫、景涛、李树德为核心的党支部。刘侵霄为党支部书记，负责领导、协调对敌斗争的全面工作。李树德利用当工程队长的身份，以公开的形式活动做抛头露面的工作。李一夫年龄较大，身体不太好，主要是幕后策划，因为战俘营条件险恶，随时都有牺牲和被送出当劳工的可能。为了应变形势，他们组织了两套领导班子，一套班子以刘侵霄、李树德为主，对内部是半公开的；第二套班子以李一夫、景涛为主，对外、对内都是秘密的，随时准备接替第一套领导班子的工作。

会议还制定了严格保守秘密、团结广大难友、加强思想教育、坚定革命意志等规则和任务，讨论研究了具体工作。为了坚持抗日民族统一战线，除了党内工作，还指定人员分别做八路军、新军及中央军、晋绥军工作。鉴于翻译官陈财、医官陈跃庭可以为之所用，支部将其作为重点，分工以李树德、刘侵霄为主，开展团结工作。

如果说，他们此前的斗争是自发的斗争，秘密支部成立后，他们则是有组织、有领导、有目标、有计划的斗争。支部成立不久，就将张开明、郭仲楚、张得昌、温耀民、王乃成等八路军战俘通过李树德派进了战俘卫兵班和炊事班。李一夫年龄大、身体差，为了照顾他，李树德就以队部文书的名义让其住进了将校班。战俘之间也可扎堆聊天了，战俘营的气氛也在悄悄地发生变化。

小八路张开明，1939 年参加八路军时只有 16 岁，在晋察冀第二军分区四团特务连电话班当电话员。1941 年 10 月，因头部负伤被俘。被押进太原战俘营后，他吃的东西不如猪狗食，还不能吃饱，睡觉在大监牢，挨挤受冻无被褥可盖，还要在日军和伪军的监视下外出当劳工，长期营养不良，身体虚弱。李树德发现后，将其调到卫兵班，不仅让这个孩子能吃饱饭、有毯子盖，还不用他再去干繁重的劳动了。张开明开始以为自己运气好，时常感谢老天爷。后来炊事班一个难友告诉他："是你身上的这身八路军军装和有冀中军区特色的线织腰带救了你。"可他还是不明白。随着时间的推移，他渐渐明白，在这个人间地狱里，有共产党八路军的秘密组织存在。虽然他不知道都有谁，但他认为李树德就是这个组织的成员，于是他事事听李树德的话，处处维护着八路军战俘的利益。

四、中条山的国军战俘

1. 惨烈的中条山战役

中条山，山峦起伏，沟壑纵横，横亘在山西南部、黄河北岸，既是华北的南大门，又是晋、豫、陕三省的屏障。具有重要的战略地位，历来是兵家必争之地。从全面抗战爆发，到1940年底，这里一直是国民党中央军正面战场在华北仅存的一块根据地。日军曾10余次进犯该地，均被击溃。中条山防线因此被国民党军誉为“坚若磐石”。

七七事变后，随着石家庄、太原、济南的沦陷，以国民党为主的正面战场作战在华北宣告结束，代之而起的是以共产党为主的敌后游击战。共产党领导的八路军很快在华北建立了晋绥、晋察冀、晋冀鲁豫、山东等几个大根据地。特别是1940年，八路军在华北发动百团大战，歼灭日伪军46 000人，粉碎了日军在华北苦心构筑的“囚笼”，打击了日本的嚣张气焰，也引起了日军对八路军敌后战场的警惕。于是，日军决定消除八路军这个心腹之患。但因中条山地区还存在一支十来万人的国民党军，牵制着日军的行动，所以日军决定先发动中条山战役，消灭这支国民党武装。

1941年5月7日下午，日本华北方面军司令官多田骏调集日军6个师团3个旅团10余万人。在航空兵的支援下，由东北西三个方向，向中条山地区发起大规模进攻。中国第一战区司令长官卫立煌率主力7个军约18万人仓促应战，战况空前惨烈。日军集中优势兵力，首先实施中央突破。激战持续一天，日军占领了垣曲，然后分两路向东西扩张，将中国守军分割包围，各个击破。至5月27日会战结束。

中条山战役是战略相持阶段，日本对华北国民党正面战场发动的仅有的一次大规模进攻。据被俘的国民党官兵回忆，国民党军被俘达8万人。而日方的统计则显示，中国军队被俘3.5万人，遗弃尸体4.2万具。但战俘们都说，这些遗尸并不是作战死的，而是战后被日本人杀害的。

2. 战场上的残杀

5月8日，日军从中央突破，占领了垣曲县城。一支中国军队退到垣曲县的五福涧，准备撤往河南，在兑山附近被日军包围。于是日军便在兑山脚下开始了残酷的大屠杀。据当地人回忆，碾盘沟变成了杀人的屠场，一条十几里长的山沟，到处都是抗日将士的尸体，臭气熏天，多日不散。在韩堰，日军将数百战俘关在几个窑洞内，逐个拉出来砍头，然后将尸体推到堰下，尸骨堆放数尺之高。在五福涧黄河上游王家滩，中国军队一个营数百人被俘，日军将他们带到黄河边的虎庙岭山头，然后用机枪扫射，将其全部杀死。尸骨在人迹罕至的山坡上暴露着，直到1958年被人们发现，才得以入殓重葬。因此当地人把这里叫作“死人疙瘩”。

中共中央党校的杨圣清教授，老家在中条山。中条山战役发生时他正在上小学，虽然因为所住村庄山高林密，日军当时没有攻进去，但他听到了作战的炮声，目睹了敌机对本村的轰炸，听到了中条山战役的许多故事，参加工作后一直收集有关资料，退休后又多次到中条山地区考察，于20世纪末撰写了中条山抗战史略《巍巍中条》，记述了战斗的惨烈，也记录了日军对战俘的残杀。在抗战胜利60周年时，他又陪同南京电影制片厂的摄制组，再次考察了日军惨杀战俘的杀人现场。

杨圣清告诉记者，1941年5月，一支日军作战部队在这里俘虏了100名中国士兵，他们把战俘关在这个窑洞里面，用机枪把战俘全部射死，然后从窑洞顶上推下干柴，点火将尸体烧毁。当时，中国战俘的鲜血从窑洞里面流到坡底下，长达200米。在抗战胜利60周年时，死难战俘的遗骨还历历在目。

黄河北岸的渡口也是日军杀害中国战俘的屠场。因为日军飞机把黄河两岸的船只都炸毁了，中国军队找不到渡河工具，便搬来老百姓的衣柜、门板、原木，抱着渡河，有的用裹腿布拧成粗绳牵着过河。有的还没来得及下水，就被赶到的日军杀害。有的游到河中又被敌人的炮火击沉，被滚滚的黄河波涛吞没，出现了黄河中的大漂尸。尸体塞满河道，数日不绝。在中条山战役中，如此之多的中国官兵被俘虏和杀害，在华北地区还是第一次。5月28日，蒋介石在《对于中条山战役失败之检讨》中说这是“抗战中最大之耻辱”。

3. 关东军与华北军的协议

中条山战役，数万中国军人被俘，日军在欢庆胜利的同时，也遇到新的问题——如何处理这么多俘虏。日军侵占南京时，曾屠杀9万中国战俘，受到世界各国和社会舆论的谴责。随着战争的扩大、战线的拉长，日本由于发展军需工业和修筑军事要塞的需要，对俘虏不再进行大规模的屠杀。再说，华北在传统上曾是东亚劳动力供给的源泉地。华北自古就有“闯关东”的习惯。日本发动侵华战争后，仍把华北作为掠夺中国劳动力的重要源泉。从九一八事变到七七事变，日本关东军在东北和华北抓捕的抗日军民，多数都被送往关东军的军事工程和军需产业。在劳工使用上由开始的限制，到后来的扩大招募，特别是七七事变后，日本关东军在东北开始了对东北经济掠夺的“第一次产业五年计划”，事隔不久又抛出了旨在“满”苏边界修筑大规模军事要塞的“北边振兴计划”。当时，伪满洲国每年需要输入八九十万华北劳工，而日本华北方面军对华北的作战和开发也需要大批劳动力，进而影响了华北劳工向伪满洲国的输送。1941年春，快进入3月了，伪满洲国招募的劳工还不到30万人，不到上年同期的1/3，而这一年关东军既要准备实施“第二次产业开发计划”，又要进行针对苏联的“关东军特别大演习”。修筑军事工程、扩大军需产业、保障军事演习等，对强制劳工的需求成倍增加。现实的紧迫，使得关东军不得不直接出面与华北方面军斡旋，在中条山战役发动前 1 个月即 1941 年 4 月 5 日签署了《关于入满劳动者的协议》，请求华北方面军在 1941 年开始的华北治安战中，为关东军紧急强征战俘劳工。1941 年 6 月，华北方面军与华北新民会总部签署了《向东北遣送特殊工人的协议》，决定由新民会协助华北方面军做战俘的收容、登记、甄别、驯化、训练、编队与向东北押运的工作。所谓的“特殊工人”，按日本方面的说法，是指“因犯罪嫌疑而拘于当地部队、宪兵队、县公署及警察分局等处者”“通过清乡工作捕获的通匪嫌疑者”“讨伐作战中的俘虏”“有害于社会工作实施者”等。而实际上就是华北各地战俘营和监狱的关押人员。在使役战俘劳工问题上，关东军司令部制定了《关于特种劳动者之件》《关东军特殊工人处理规定》《关东军筑城工事就劳特殊工人处理规定》等一系列文件。其统辖的第五军司令部还制定了《第五军筑城工事就劳特殊工人处理规定》，把战俘劳工作为完全剥夺人身自由的战争奴隶，使役于军事工程之中。

这里就出现了一个疑点，既然华北方面军同关东军签订了输送具体数量俘虏的协议，为什么又在战场上屠杀数万俘虏呢？在访问了一些战俘幸存者后，我们找到了四条原因：第一，虽然关东军和华北方面军签订了协议，但协议签署仅一个月，命令不见得能传达到基层部队和每一个士兵；第二，因为战争打得非常激烈，有些日军部队受到重大伤亡，情绪上存在着敌视，尽管中国军队放下武器，他们还是不依不饶，对中国战俘进行了报复性的屠杀；第三，因为战俘太多，日军疏于管理，不提供必要的食品、饮用水和药品，使中国战俘病饿而死，遭到虐待性的屠杀；第四，因为日本需要的是能为其劳动的战俘，而对那些患病受伤的战俘，日军认为他们已经丧失劳动能力，留下来还要提供食品、医疗服务，还要有人管理看押，给自己增添麻烦，于是便对他们进行了处理性残杀，当场将他们杀害。

4. 人满为患的囚笼

中条山战役后，战俘营一次就押进9 000多名战俘，人数最多时达12 000人，住房成了大问题。本来，战俘住的房子又破又漏，冬天冷，夏天热，如今连这样的房子也没了。人多没地儿住，日本人就让战俘盖了两栋大席棚，又在院内搭了许多小帆布棚。有一些是马架棚子，出口很小，弯腰才能进去，因为棚子的一头就杵在地上，在里边想站起来都很困难。有的棚子里在地上放块木板，有的直接铺点谷草，没有被褥，没有铺盖，战俘们只能找块砖头枕着，和衣而睡。一个小屋睡20多人，连身也翻不过来。晚上睡觉时，马桶放在棚子的出口处，要想解手就得摸黑从别人身上走过去。因而，每晚都有人被踩而发出喊声。因为人多屋小，又放了只马桶，所以里面阴暗潮湿，气味难闻，不少人因此而患病。

太原战俘营吃的是豆饼、麦麸、黑豆和掺有沙子的陈米。日方规定每人每月20斤，但却被日伪管理人员层层克扣。战俘每天两顿饭，每人每天吃不到半斤粮食。而且多是发霉的半生不熟的小米饭和烂菜汤，只有外出劳动时中间给加一个小馒头。战俘一般都没有碗筷，有的捡个破罐头盒当饭碗，有的用木棍当筷子，捡不到罐头盒的，有时连一口汤水也喝不上。

由于战俘营条件恶劣，日军派到营内的点名人员怕臭怕脏，有时戴着大口罩，站在 20 米之外的地方高声喊叫，生怕染上传染病。

战俘平时大小便都集中在院子里，苍蝇、蚊子、蛆蛹遍及院内，粪便满了没人处理，下雨天满院子都是粪便。甚至发生过战俘劳工掉进粪池淹死的事件。曾去太原战俘营淘过粪的农民李成牛说，战俘营的粪坑有一丈多深，他去淘粪时经常掏出战俘的尸体。短短几个月，他就掏出过 14 具战俘尸体，其状惨不忍睹。

战俘在送往外地当劳工之前，会先在战俘营和太原当地服苦役。日军在营院内修瞭望台时，会让战俘往台上背砖，有的战俘因饿得两腿发软，不停地颤抖，砖常常从背上掉下来，日军因此曾打死两人。一个战俘身体患病，也没吃上饭，出操时身体打晃，一个日军看到后不问青红皂白，上去就是一脚，然后用刺刀将其活活刺死。

战俘劳工在战俘营里挨打受气是家常便饭。不仅日本人可以随意处死战俘，伪职员和棒子队也经常对他们拳打脚踢，拿战俘出气。战俘赵建国进战俘营后，被分到理发班给战俘理发，一次因患眼病没去上操点名，日本翻译官把他一顿狠揍，还用带钉子的皮鞋照他头上乱踢，赵建国的一只眼睛竟因此被踢瞎了。

在炎热的夏季，战俘营就像火炉一样炙烤，而人们往往连水都喝不上，中暑的事比比皆是。但酷热的天气竟也成了日军对“犯规”战俘的天然刑具。有一天，几个战俘在一起随便交谈了几句，结果被驻守的日军发现了。他发狂地吼叫着让这几个人出来，走到院中站成一排，然后命令他们一律仰起头来，睁大眼睛，盯着太阳看！日军则坐在休息室里，手拿皮鞭、木棍监视着，并相互笑称这叫“日光浴”。

华北的 7 月，毒辣的阳光就像烧烫的刀子一样割着战俘的肌肤，又像一根根钢针刺着战俘们的眼球。他们的面部被烤得通红，呼吸急促，嘴唇干裂起泡，脖颈处渗出大滴的汗珠，本就缺水的身体几近虚脱。很快就有人坚持不住摇晃起来，这时日军的皮鞭、木棍就雨点般地落到他们身上，他们被逼着再次站好，恢复原状。受过此种“日光浴刑法”的郭基羚说，平时这些日军无论高兴与否，都经常把惩罚和折磨战俘作为他们取乐的一种方式。

刘庆华，河北口音，当时才十八九岁，被俘后因为反对日本人遭到日军多次毒打，进战俘营后三天被禁止吃饭喝水。最后那天早晨 8 点，日军把他的脖子和腿捆绑着拉到战俘队列前，当着全营战俘的面，用刺刀刺杀了他。日本兵的刺刀刺入刘庆华的身体时，他用双手抓住敌人的刺刀使劲一甩，刺刀被甩在一边，那个日本兵也倒在地上。当时周围站着 30 多个日本兵，看到这种情况，小队长急忙指派几个日本兵一起端枪刺过去。临死之前，刘庆华高声喊道：“我今年18岁，再过18年，我还是一条汉子，我还可以和你们拼！”

5. 吃人心吸人血

在战俘营里，日军找到了显示自己生杀予夺权力的最好场所，每天都在刷新着人类耻辱史上的纪录。特别是对那些逃跑被抓回的战俘，更是杀无赦，有的在战俘集合时被当众杀害，有的让狼狗咬死。有一个山西祁县籍的战俘，在押往外地做苦工时在寿阳附近跳火车被抓回战俘营，他被日军当众刺死，并将尸身喂了狼狗；有个战俘在纸烟盒上写信，想托一个伪军带出去让家里人将他保释出去，此事被日军发现后也将其当众刺死。有的逃跑战俘还被日军用钉子钉在墙上示众。

1941年6月、7月，俘虏营里有个国民党军的团长企图逃跑，不幸被日军发现，被五花大绑地捆到院里的电杆上。日军会怎样处置他呢？战俘们的心几乎都提到了嗓子眼上。

在一阵严刑拷打后，几个日本兵好像也打累了，他们盯着眼前这个遍体鳞伤而又挺胸抬头、不肯屈服的对抗者，好像在思考着什么更为新鲜的摧残花样，一时间场上陷入了沉静。果然，没过多久，日本兵就来了灵感。他们悄悄地走上去，在战俘面前站定，然后伸出手去撕战俘前胸的衣服，使这个战俘的胸口裸露出来。一个日本兵右手提着刀，把左手掌摊开，抚在战俘的左胸来回摸了几下，找准位置，狞笑着握紧短刀照着战俘的前胸猛刺进去。鲜血随着惨叫迸发出来，然而日本兵吃力地将刀拔出来，再刺进去……其他几个鬼子也一拥而上。

战俘撕心裂肺的惨叫声回荡在战俘营，远处传来狼狗受惊的狂吠。战俘的叫声，越来越沙哑，越来越弱。几个鬼子兵的双手和衣服上沾满了鲜血，很快他们从战俘几乎被穿透的胸膛里，掏出了还在跳动着的心脏！

他们看上去十分兴奋，个个心满意足地长出口气。当天晚上，这位战俘团长的心，就做了日军的下酒菜。

这只是一个可怕的开始，之后人们开始发现，俘虏营里凡是长得胖点的俘虏，常常不知不觉地就不见了。所以，比较胖的俘虏都提心吊胆，怕被这些丧失人性的恶魔残害。

战俘营里的日军扮演了人间最丑恶的角色，他们不仅是杀人魔王，还是名副其实的吸血鬼。他们把战俘营当成军队医院的血库，不断挑选一些体格健壮的战俘离开战俘营，送到第一军野战医院定期抽血。每次送去 20 人，住在医院当血库。一次，两次……这些战俘的身体迅速垮掉了，由开始的生龙活虎变成了面黄肌瘦。不少人就这样被不断抽血，最后心衰力竭死去了。当这些战俘不能再被抽血时，日军就再换一批新战俘。而那些被抽光了血的战俘，有时会被送回战俘营充作劳工，有时直接被扔出大营予以“释放”，但因其身体已经垮掉，能活着走出去的人很少。

五、秘密支部的建立

在残酷恶劣的环境中，战俘营里不甘屈服的战俘们，同敌人进行了不屈不挠的斗争。有的干活磨洋工，有的趁外出劳作时逃跑，有的以死抗争，有的在自杀前把单衣脱下，咬破食指在上面写下血书“誓死不做亡国奴”，挂在墙上以示反抗。一些被俘的共产党员秘密成立了党支部，组织战俘同敌人进行了各种形式的斗争。太原战俘营里建立比较早、营救战友比较多的被俘党员秘密支部，即刘侵霄、李一夫、李树德等人建立的秘密支部。

1. 争取翻译和医官

秘密党支部成立后，他们积极开展狱中斗争。首先，他们暗中物色发展对象，从而壮大了支部力量。同时也积极宣传共产党抗日救国统一战线政策，消除中央军、晋绥军被俘官兵对共产党八路军的偏见，团结争取被俘的蒋、阎人员，积极掩护和营救八路军干部与战士。秘密支部首先争取了战俘大院里两个举足轻重的人物，一个是战俘营内的中国籍翻译陈财，一个是原晋绥军的中校医官陈跃庭。

翻译陈财祖籍福建厦门，父亲年轻时赴台经商，定居台湾70余年。全面抗战暴发后，在日本殖民教育下长大的陈财，因为会说日语和汉语，被日军招为翻译，来到太原战俘营。因为日本管理人员多数不会汉语，因此战俘营日籍办公室的有关指令都是靠陈财指示传达、具体实施。因此他成了战俘营的实权人物。战俘的收进、派出、生杀大权都掌握在他手中，打死人不偿命、随意释放犯人仅需他同意就行。八路军战俘刚进营时，就听说了他不打被俘的而专打投降的战俘的事情，尤其是他最不喜欢带枪投降的战俘，对有骨气的八路军战俘会另眼相看，明显存在着好感。

秘密党支部认为他还有点民族观念，决定由李树德和刘侵霄做他的工作。最开始，李树德给陈财讲述了中国的抗战形势，陈财很爱听；接着又给他讲解了毛泽东的《论游击战》《论持久战》，陈财也很感兴趣。时间长了，两人逐渐培养出了感情，陈财便告诉李树德，日本占领台湾后曾屠杀了大批反抗日本的台湾人，并表明自己亲身遭受过日本人的压迫，内心其实十分痛恨日本人，关心中国的抗战前途。

李树德把这些情况向秘密支部汇报后，支部决定加快对陈财的争取工作。首先是创造条件，以李树德原部队文书的身份，把刘侵霄介绍给陈财。刘侵霄以聊天的形势接触陈财，从而宣传抗战，宣传革命。此后，刘侵霄再以八路军的身份直接和陈财谈判，告诉陈财，如能创造条件保护、释放八路军人员，中国抗战胜利后会保证他全家安全，并给予安排工作。这一点触动了陈财的灵魂深处，击中了陈财的心理要害，他便同妻子商议此事。陈财的妻子是太原城中人，原籍在抗日根据地，思想比较进步，这也是陈财思想转变的一个重要因素。当李树德和刘侵霄向陈财宣传革命思想时，陈财有些畏惧，“这是要命的事，千万不要泄露”。所以他们每次商议抗日的事情时，陈财总是会让一名被俘的卫兵在门外站岗放哨，并叮咛如有日本人到来要及时报告。

医官陈跃庭是山西万泉人，曾任阎锡山晋绥军三十五军中校医官，被俘释放后担任了太原战俘营的医生。他家在太原城内蒲州会馆，每天上班时来营，下班回家。每次上班后他需要到李树德的队长房间做准备，诊病完后再到队长屋中坐一会儿，谈谈家常，有时也谈到国家政事。李树德、刘侵霄便有意识地对其进行革命宣传，陈跃庭也喜欢同他俩聊天。

一天，陈跃庭看完病，同李树德闲谈，突然他问道：“刘先生在八路军担任什么工作?”

李树德还按刘侵霄被俘时登记的身份说刘是上士文书。

陈跃庭摇着头带笑地说：“你哄我，刘先生不是上士的材料，他一定是八路军的领导干部。他很有才能，你看他多么稳重。”

接着又郑重其事地说：“你和刘先生做的是革命的事，以后你们不要瞒我了，你们有什么事需要我办的，我一定尽力而为!”他悄悄地告诉李树德，他的大儿子在八路军队伍里当营长，日本人并不知道，并要求李树德为其保密。从此以后，陈跃庭也成了李树德的有力助手，在秘密支部筹集经费、营救同志、释放病俘中，做了不少别人无法做的工作。

2. 初次营救的尝试

太原战俘营有三个翻译，日本翻译和韩国翻译很少进战俘住的营院，只有中国翻译陈财每天上班在战俘营院里办公。战俘营的战俘每天都有进的、出的、病的、死的，有押送到外地当劳工的，有在本市进行劳役的。到底有多少战俘，陈财说不清，日本人更说不清，只能说个大概数。具体到某一个战俘，该怎么分配，该怎么处置，实际由陈财说了算。

为了欺骗国际舆论，太原战俘营定下了每月释放一次传染病人或重病号的规定。秘密支部知道这一规定后，就想利用释放重病号的机会营救一些革命同志。于是就让刘侵霄加紧做陈财和陈跃庭的工作。一天，刘侵霄主动找陈跃庭聊天，谈日本的侵略罪行和八路军的抗日救国举措时，陈跃庭明确表态吐露心声，说他愿意帮助八路军为抗日做点事情，并说“中国让日本糟蹋成这样，咱们的心情是一样的，以后咱们就是自家人，你们有什么事尽管说，我能办的一定照办”。

看到陈跃庭这样真诚坦白，刘侵霄就直接提出要求：“既然如此，我们就打开窗户说亮话，我们有些同志要出去，你看有什么办法吗?”

陈跃庭笑了笑：“我早就等你这个话了，我能帮上忙，但能力有限。日本人惧怕传染病，过一段时间就要把传染病病号释放出去。我只能把你们要送走的人诊断为传染病号，混在重病号里混出去。如果要出去的人多，就要找机会了。

一般监号里病人多了，病号隔离室快放不下时，或者传染病流行时，日本人往外放的人才会比较多。另外陈财是个关键，如果我们放的人数多了，时间长了是瞒不过他的。在一定程度上，他是这个集中营的主管。不过，我对他还是了解的，他本质上还是个中国人，我可以帮你们做他的工作。”

刘侵霄：“陈财的工作我们下一步再说，但目前我们有一些人必须尽快放出去，最好马上出去。如果怕目标大，是不是可以采取分几次的办法。”

陈跃庭应道：“好，说办就办。日本人一般每月放一次，这个月还没放呢，明天先放七八个。你们先安排准备出去的人，今晚就住到病号隔离室去。明天我开病历，让陈财开‘释放证’，我估计没问题，我开的条子，陈财一般都能批准。但一定要你们的人装病装得像一些，装成快走不动的样子。还可以让几个人装成快死的病人，用小车拉出去，不过这样出去风险大一些。”

刘侵霄没想到陈跃庭办事这么痛快，“太好了！谢谢你，明天还是先用发‘释放证’的办法，放几个人出去，我这就回去安排”。

刘侵霄兴冲冲地回到监号里，马上向秘密支部做了通报。经研究决定，先让八分区电台的郭海潮、王偕甫等七人和秘密支部委员景涛回去。理由是八分区机要室在反“扫荡”时被日军连窝端了，部队急需他们；再者，他们若被敌人发现，会有泄密和杀头的危险。而景涛正患病，派他回去可以避免其病情加重，又可以让他代表秘密支部向组织汇报，设法建立一个营救战俘的通道，营救更多的人。

当晚，景涛带着电台的几个人住进了隔离室，为避免患上传染病，他们在远离真病号的地方拥挤在一块儿，兴奋得一夜睡不着觉。

第二天上午，陈财根据李树德开出的名单、编号，开出了几张“传染病号释放证”，交给了陈财。李树德派人集合起这几个病号。陈财装模作样地对这几个“病号”进行了查验，还做了简短训话，要求他们快点出城，天黑前必须出城，否则再被抓回来性命恐难保。

景涛他们几个人一步一挪地走出战俘营，刘侵霄、李树德、张开明等人用期盼的眼光，送他们走出大门。

第一次营救成功后，秘密支部又沿用这样的办法，短时间内营救了几十个八路军战俘。一天，景涛又出现在新战俘的队列里。这在太原战俘营可是件危险的事，日本人若是发现战俘是第二次被抓进来的，连问都不问就会直接拉出去对其进行屠杀。作为工程队队长的李树德当然知道这条规矩。他看到景涛第二次被俘，立即把他叫到一边，随后将其安置在“将校班”保护起来，派专人给他送饭，尽量不让他出屋。没过十天，太原洋灰厂需要劳工，李树德便趁机把景涛送出去，使他化险为夷，避免了一次灾难，不久又回到部队的怀抱。

3. 被狼狗撕裂的胸膛

太原战俘营的日军喂了几只狼狗，日本兵经常牵着它们在营院里耀武扬威，这些狗同他们的主子一样凶恶残忍。喂养军犬需要训练，于是日军经常用违犯狱规的战俘训练狼狗、喂食狼狗。

1941 年秋末的一天早晨，陈财悄悄跑来对李树德说："今天日军要 200 名苦力去修太原飞机场，集中营会给这 200 人发一个集体释放证，在日军警卫监视下劳动，有机会可以逃回部队，你快做做准备。"于是李树德和陈财商量，把战俘分成前后两排横队站在院里，准备释放的战俘都站在前排队列，由陈财陪同日军来挑人时，尽量多挑前排人员。

李树德迅速行动，并秘密地安排了指挥逃跑归队的带队人。所以这次日军带走的 200 人，绝大部分都是八路军战俘和国民党中一些比较进步的战俘。

20 天后的一天下午，突然一辆汽车夹裹着尘土开进了战俘营，车上有三个战俘被五花大绑，他们周围则是十几名杀气腾腾的日本兵。车停稳后，这三个被绑的战俘被拖下车来，向集中营的电网门外走去，然后他们分别被绑在了两个木头柱子上和一根电线杆上。

这时，陈财走进电网门内找到李树德，低声告诉他说："这就是 20 多天前送到飞机场做苦力的人，他们逃跑了二三十人，这三个是没有跑掉被抓回来的。你去看看，能认识他们吗?"李树德和陈财一起走向前去。李树德一眼就看出了其中一位就是被他秘密指定的那位"带队人"、八路军三八五旅的一个排长，另一位是三八五旅的一名战士，被绑在电杆上的是国民党一个上尉参谋。李树德还没回过神来，就见日军牵来两条凶恶的大狼狗，足足半人高，据说这两条狗事先已被饿了一天，以此增加它们的凶猛。

一到院里，两条狼狗就高竖起耳朵，浑身的毛几乎都要扎起来，死死盯住被绑在柱子上的三个人，低声怪叫着，迫不及待地要奋力挣脱绳索。这时，两个日本兵走到电网门内，对列队走来的战俘们高声嚷道："你们统统地到门口看！"

接着，日军放开了两条狼狗，一刹那，凶恶的狼狗就吼叫着向战俘身上扑去。狼狗整个身子直立起来，前爪扒在战俘的身上，一边狠狠地咬住他们的肩膀、胳膊、大腿，一边拼命地甩着头。战俘们的皮肉被一块块撕下来，露出白森森的筋骨……他们被持续撕咬了一个多小时。这一个小时的时间，对所有被迫观看的战俘们来说，真是像梦魇一般的难熬。仿佛整个时空都停滞了，他们眼睁睁地看着三个难友逐渐变得血肉模糊、面目全非。

撕咬的狼狗已经没有力气了，但三名战俘仍在痛苦地挣扎着，喘息着。这时，一直站在旁边观看的十几名日本兵走了过去，把三名战俘从杆子上解下来，但他们已经无法迈腿走路，于是两个日军拖一个战俘，一直将他们拉到大院的东北角，扔在地上。因为被咬战俘的鲜血顺着腿脚流淌，因而在他们被拖过的路上，每个人身后都断断续续地留下了两道长长的血痕。

接着，在日军小队长的指挥下，十几名日军端着刺刀，一起向三名战俘身上猛戳起来。战俘们全身上下包括头部五官，都被白晃晃的刺刀疯狂地乱戳乱砍，他们成了真正的血人，就连黑色的头发也被鲜血和泥土染成酱红。被刺战俘以最后的力量在地上剧烈地翻滚着，直到心脏等要害部位被穿透，才悲惨地咽了气。李树德和被迫观看的战俘们因不忍心再看而闭上了眼睛，但他们的心也像被狼狗撕裂和刺刀扎刺一样难受。

4. 为战俘生存而斗争

太原战俘营恶劣的生存环境，使得生病、死亡的人每天不断。夏季到了，天气越来越热，人们却依然连水都喝不上，病死者更是与日俱增。李树德他们忧心忡忡，觉得“自己的同志在战场上没有死，如果就这样病死在集中营，是件非常痛心的事”。李树德决定以队长的身份出面与日军交涉，要求改善卫生条件。

这是一件危险的事，深谙日本人性格的翻译陈财告诫他说：“弄不好，会被日军杀头的！”但李树德坚定地要求陈财传达给战俘营当局，就说他们违反国际法虐待俘虏，并要求面见战俘营日军所长。

一天下午，陈财来到李树德房中对他说：“你的话我传达了，现在所长松本大佐要你去见他。”接着他压低声音说：“你要小心。”李树德点点头，跟着陈财朝松本住处走去。

松本是一个喜怒无常、杀人不眨眼的魔王，在他眼里，战俘不过是可以随意处置的活物罢了，但现在居然有人提出抗议，这倒引起了他的兴趣。于是他一见李树德劈头就问：

“日本人违反国际法，谁讲的?”

李树德回答说：“前天晚上我查俘虏房时听到的，由于黑着灯，不知是谁讲的。”

松本一脸冷漠地盯着李树德，反问道：“那你的看法呢?”

李树德毫不妥协地回答：“我认为他们说得对。”

松本一脸阴沉，斜视着李树德：“说说你的理由。”

李树德沉着应答：“我在山西第二战区司令部受训时，看到被俘的十多名日本人，吃的住的都和我们军官一样，也没人看管他们。我曾和其中一人谈话，问他为什么不偷跑回日本国，那人说，回到日本国还要出来上火线打仗，死了死了的有，住在这里顶好、顶好。”

李树德接着说：“中国人，不论阎锡山、蒋介石，都不虐待俘虏，他们是根据国际法办事的。特别是八路军，还优待俘虏，不搜腰包，不侮辱，据说俘虏比他们的战士还吃得好、住得好。”

李树德继续说：“阁下您向被俘人员讲话时说中日亲善，但实际上他们吃不饱、喝不上，天天生病死亡，又何谈亲善呢?”

陈财刚向松本翻译完，松本突然站起来，用手指着李树德，声色俱厉：“你在替犯人说话!”

李树德毫不退却地说：“我不是替谁说话，我是遵照国际法讲事实。我本人没有父母，也没有媳妇，死了也无所谓；我不过是怕你们这样下去没好处，会有人闹事的。”

听到这里，松本哈哈大笑起来：“李队长没有媳妇，以后一定给娶个好媳妇！”然后他态度明显缓和地问道：“你怎么知道八路军优待俘虏的？”

李树德说：“我们山西军和八路军作战时，听那些被他们俘虏后又被放回来的人说的，所以还有的被俘山西军干脆就不回来了，留在那里当了八路军。”

通过以上对话，松本的态度变得和气了。他问李树德：“你说说怎么改进？”

李树德提出，每人每天至少供给一市斤粮，白面与小米各一半；集中营院中水井已污染，不能继续使用；应修建洗脸、洗衣服的水槽、洗澡塘等，以改善环境卫生，减少使人大量死亡的传染病。

最后，松本说：“李队长所要求的，要和山西派遣军司令官交涉。”

几天后，果然有汽车拉来了自来水，战俘们可以不吃污染的井水了；而且每人每天发给一斤粮食；还派来工人在后院修建了洗脸、洗衣用的水池。这次斗争，李树德他们取得了胜利。

5. 与日本谋略团的舌战

1941 年冬季的一天，有五六辆小汽车开进战俘营，在日本人住的院内停下，从车内走出十多名日本军官，其中还有几个人穿着西服，都走进了松本大佐的办公室。不一会，日本翻译寺山来到战俘住所，叫走国民党中央军军官数人；过了一会又叫走晋绥军军官数人，还叫了几名八路军系统的人。过了两个多小时，进去的人都出来了。据他们讲，这些人是想了解中国人的抗战情绪。

李树德回到了房间，闭着眼睛躺在床上思考，他们到底要干什么呢？推门声打断了他的思路："李队长，松本大佐叫你去！"寺山翻译喊道。李树德跟着寺山翻译走进了松本的办公室，一眼就看见刚才来的十多名日本军官，其中大部分人胸前都戴有参谋带。李树德很快意识到这是日本谋略集团的人员。

松本请李树德坐下后，让寺山翻译给李树德说："这是日本天皇陛下派来的心理作战部人员，他们想了解中国人对抗战的想法。你一定要把中国人的真实心理说出来，不要害怕，有我保证。"说完后，又和那些参谋人员说了一通日本话。随即这些参谋人员提出问题要李树德回答。李树德感到这是一次难得的宣传机会，便一问一答地回答了日方的问题。

问：中国人愿意和平还是愿意抗战呢？

答：中国人和日本人都愿意和平，都不愿打仗。我本人和诸位阁下，可能都有同样的感受吧！

翻译译完李树德的话后，他们互相咕噜了一阵，都记了笔记，又接着开始提问。

问：中国人为什么不求和平，而要抗战呢？

答：中国人求和也求平，而日本人求和却不求平，是有和无平，实际是和而不平，所以中国人势必要起来抗战。

问：你认为和平有出路呢，还是抗战有出路？

答：现阶段日本人所说的和平是和而不平，是要中国人放下武器投降，投降就是亡国灭种，不是出路，而是死路，中国人不会干，只有持久抗战才是出路，抗战必胜。

问：你认为国共合作能长久吗？

答：由于日本军队打进中国，外来的矛盾超过内在的矛盾，中国有句古话："兄弟阋于墙，外御其侮。"只要日本人继续侵占中国，国共合作的统一战线就会牢不可破。

问：共产党、八路军在中国能够得人心吗？

答：这个问题对我来说是个疑问。由于我不是共产党人，对共产党内幕一点也不知道。不过我能用事实讲些情况。七七事变，中国抗战开始时，共产党八路军在陕北只有两三万人；而现在据说北至黑龙江、南至海南岛有 18 个根据地，有将近 100 个旅的武装，约 100 万军队，还有几百万民兵、几千万民众支援。如果说不得民心，为什么他们越打越强、人越来越多、地盘越来越广？对这个问题我实在迷惑不解。

我在山西阎锡山部队的时候，国民党的一些高级官员曾谈论说，打日本没问题，抗战必胜，可担心的是抗战后共产党的强大。他们唯恐抗战胜利后中国的天下要由共产党支配了。现在中国人人说持久抗战是胜利的保障，据说是共产党的毛泽东写了一本名叫《论持久战》的书后，全国人才跟着喊起来的。

李树德一边说，日本翻译一边译，这些人都在做笔记。

其中一个日本高级军官高声说“要西要西!”可能认为李树德说的是实话，也许这个人是日本的主和派。他们没有想到一个共产党员就在这里，在侵犯中国的日本军官面前宣传抗战的真理。

问：你认为怎样才是和呢，怎样才是平呢?

答：日本军队全部撤回本国，赔偿中国损失，自然就和平友好亲善了。政治平等、经济合作、互通有无，应该是最好的事情。

当翻译把李树德的话译完后，这些日本人，有的摇头摆尾，有的龇牙咧嘴，有的哈哈大笑。其中一个军官竟骂道：“八格牙鲁!”

问：你说的都是真心话吗?中国人是否都像你这样想呢?

答：我完全是遵照松本先生所说的讲实话，不欺骗诸位。也许少数中国人不这样看问题。……

后来，这群日本人又问了一些无关紧要的情况，就结束了谈话。对于这次谈话，李树德心里很自豪，心情也非常愉快。虽然冒着生命危险，但却是一次重大的胜利宣传，尽了一个共产党员应尽的责任。

六、秘密支部在行动

1. 继续争取翻译陈财

把景涛等几批战俘送出后，秘密支部对营救活动进行了分析，大家认为医官陈跃庭所开的病号释放证虽然发挥了作用，但病号能不能释放还是由陈财来决定，他是管理战俘的实权人物，只有掌握和控制了陈财，秘密支部才可能利用他做更多的营救工作。于是秘密支部把陈财作为争取的重点，要求李树德有事没事多接近陈财。

陈财给日本人当翻译时其实并不受日军尊重，每天还要帮敌人管理欺压自己的同胞，因而心情苦闷，染上了抽大烟的坏习惯。但他每次抽大烟都避开日本人，因为日军虽然允许中国人抽大烟，但不允许其内部人抽，若被发现，后果很严重。所以陈财每次抽烟都是躲在工程队队长李树德的办公室里偷偷地抽，并让战俘卫兵为他站岗。抽大烟很费钱，日本人给他的薪酬又有限。同李树德熟识以后，陈财几次提出请其帮忙搞钱搞大烟。因为陈财在战俘营的地位十分关键，李树德也想给他点钱笼络住他，可在战俘营这种地方怎么搞钱？李树德把这一情况汇报给秘密支部，大家商议后认为，翻译陈财的职位不高，但实权却很大，必须对其团结争取。对于如何搞钱，请大家动脑筋想办法找门路。

没过几天，刘侵霄告诉李树德有了弄钱的办法。李树德听了很高兴，忙打听缘由。原来，他们发现中条山战役被俘的国民党军官带进来了一些法币，当时，日军对货币控制很严，法币在日本占领区是不准被保留使用的。但在黑市交易上可以兑换，100 元蒋管区的“法币”可以兑换 30 元日伪的“联合票”。于是秘密支部就私下派人从国民党军官手中收集“法币”，然后请医官陈跃庭拿到黑市兑换成“联合票”，秘密支部的人员每次从中抽取一定比例的辛苦费，这样一来，国民党军官很高兴，秘密支部也有了活动经费。秘密支部用这笔钱不定期地为翻译陈财提供烟土，像一根绳似的牵着陈财。有人为其提供大烟土，陈财自然非常高兴，对李树德态度更加亲切。李树德趁机对陈财说：“钱是刘韦新（即刘侵霄）弄来的，你一定要保证他的安全。否则弄钱的事情暴露了，他活不成，也就保不住你抽大烟的事。”陈财自然明白其中利害，从此对李树德、刘侵霄更加言听计从。不久把刘侵霄安排为工程队队部文书，并住进了卫兵班，这样刘侵霄也可以吃小灶了。由于生活条件改善，能够吃饱饭了，加上医官陈跃庭经常用眼药水给他点眼睛，用开水洗眼睛，刘侵霄的抵抗力也渐渐增强，被毒气弹熏过的眼病和夜盲症也好得更快了。

刘侵霄住进卫兵班，同陈财接触的机会更多了，他们经常聊天，聊家乡，聊台湾，聊日军，聊工程队，越聊越熟悉，越聊越直接。刘侵霄渐渐了解到，陈财是一个胆小怕事的人，特别是对日本人怕得要命；他还是一个爱财的人，非常看重眼前利益。但他还有点良心、有点民族观念，是一个可以争取、利用的人。

了解了陈财，控制了陈财，秘密支部的成员胆子更大了，要求更多了。日军每次往各地派遣战俘劳工的具体人数、时间、地点，都要求陈财事先告知，日军对战俘的一举一动，陈财都会及时告知李树德和刘侵霄，秘密支部都采取了相应的措施。每当工程队向外输送战俘劳工时，如果是太原周围及本省各地较近的地方，尽量安排八路军战俘，以便他们尽快逃离魔窟重返部队；如果是伪满及外省外地较远的地方，尽量安排投降派、顽固派、有汉奸嫌疑的人及其他战俘。

在建立一定信任后，有一天，刘侵霄以八路军干部的身份正式同陈财谈话，明确提出，如果能保护八路军人员，多放出一些八路军，抗战胜利后，将保证他和他家人的安全。陈财脑子很聪明，不假思索就答应下来，并提出几条要求，说他家里生活不富裕，又染上了抽大烟恶习，希望不要断了给他抽大烟的钱，大烟他可以慢慢戒；他在太原郊区有个菜园子，需要一头牲口，八路军如果有退役的骡子、驴之类，能否给他一头；如果八路军愿意出钱，可以以他的名义，在太原搞一个买卖，他可以出房子、出地方，对半分红。这样他可以挣些钱，养家糊口，八路军也可以干自己想干的事。

陈财的话让刘侵霄大出意外，原指望他能多营救一些战友，没想到，他居然可以为八路军地下工作提供方便。于是答道："好，第一条，我们可以答应，但不能敞开供应，你一定慢慢戒掉，这也是为你好。后两条我们尽快向组织请示，会给你个满意答复的。"

当时，太原战俘营的形势对八路军被俘人员很有利，建立一个联络站完全有可能，但怎样同部队取得联系呢？正在刘侵霄着急时，工程队长李树德来找刘侵霄，一见面就高兴地说："家里来信了！"随即递给刘侵霄一张小纸条。上写："景涛已回，一切皆知，领导指示这是很好的敌伪工作线索。要抓紧一切活动，想一切办法营救我们的同志脱险，不要急于出来。"最后署名"施开"。刘侵霄一看便知道是自己老战友、晋绥八分区敌工科长段士楷的笔迹。

看到这个纸条，大家由衷地高兴，刘侵霄忙问："谁带进来的？"

李树德说："就是刚才那个淘大粪的人，他叫李成牛，在太原郊区种菜，每天来工程队淘大粪，有时候一天来两次。他说'客人'现在就在他家里。"

刘侵霄忙说："你叫他不要走，我马上写一封信，让他带回去。"说着他匆匆提笔，把陈财的要求和建联络站的想法等写了一封短信，让李成牛带给根据地来客。

第二天，李成牛来淘粪时，又带回段士楷的纸条，上面写着"搞小买卖原则同意，具体不久另告。施开"。为了安全，李树德也对李成牛进行了调查，正如前几天陈财所讲，他在城外有块菜地，需要有人种，当时战俘营有个战俘叫李成牛，家住太原南郊区小井峪新庄村，20 多岁，于是，陈财就找借口把李成牛释放，让李为其种菜，种菜需要肥料，于是为其办理相关证件，每天让他到战俘营来淘粪。但不知敌工部通过什么关系，找到李成牛为八路军送信。

李树德把这一情况告诉了刘侵霄，刘说："我先不和这个李成牛接触，你暂时同他单线联系。"

刘侵霄把上级原则同意做买卖的事告诉了陈财，陈财也很高兴，配合八路军营救战俘也更积极了。

2. 战俘营响起抗战歌

1942 年 5 月，天气渐渐暖和起来。一天上午，大部分战俘都被押去干活了，营里只有少数人。有几个日本兵突然来到操场上，不知是闲得无聊，还是心血来潮。他们突然间吹响了哨子，让没有出工的战俘到操场集合。战俘们排成三列纵队，绕操场跑圈儿。不能出工的战俘中多数人身体虚弱，有的还是轻病号，所以队伍跑起来东倒西歪、快慢不一。加之战俘们穿的衣服杂七杂八、破烂不堪，更显得乱七八糟。看到此景，指挥跑步的日本兵非常恼火，拿起把铁锹就开始乱打人。

跑了几圈后，日本兵又让战俘在操场上坐成一圈做游戏。日本士兵的举动让战俘们莫名其妙，也没有人有兴趣做什么游戏，搞得几个日本兵很没面子。最后，日本兵让战俘们唱歌，不唱歌就打人。看到这种情况，晋绥八分区汾河游击大队长、战俘肖平突然带头唱起抗日歌曲：

工农兵学商，
一起来救亡，
拿起我们的武器和刀枪，
……

歌曲唱得虽然有些跑调，但声音很洪亮。一瞬间战俘们惊呆了，随即都反应过来，马上跟着唱起来，不会唱歌的也大声跟着起哄。在场的日本兵似乎听不懂汉语，他们只看到这么多人都在唱歌，觉得人们是在服从自己的命令，心里非常高兴。

一些不会唱歌的战俘也扯着嗓子，大喊大叫，拍手叫好。站在旁边的日本兵，也跟着大喊大叫，拍手叫好。门口站岗的皇协军懂中国话，他们知道什么意思，但并没有告诉日本兵，只是笑了笑，说明他们还有点中国人的良心。整个现场乱哄哄的，日本兵与战俘间的对立气氛化解了，队伍也解散了。战俘们把憋了很久的闷气释放出来，大家感到很过瘾。但一回到牢房，气氛又沉闷下来。一些党员也为此有点担心，如果今天日军发现战俘唱的是抗日歌曲而为之恼羞成怒，造成大伙儿牺牲就太不值了。从战友的安全考虑，刘侵霄狠狠地批评了肖平一顿。肖平也是年轻，当时一被激就唱起来了，过后一想这种行为的确危险，心中充满了自责。

肖平因此事知道了刘侵霄的身份，也知道了战俘营有秘密支部，便积极向组织靠拢。他当即把自己在战俘中听到的情况告诉了刘侵霄，又使刘侵霄一惊。原来决死二纵队的几个战俘看到八分区作战科兼侦察科科长、新军政治保卫旅参谋长兼代旅长李一夫住进了将校班，吃小灶且不用外出做苦工，每天无所事事，怀疑他当了叛徒，正私下里商量着如何去干掉他。

李一夫军内职位高，掌握情况多，如果真叛变，将对革命造成很大损失。但处决叛徒要有根据，战俘间也有不同看法，八分区侦察科副科长王丕绪就不同意没搞清情况便盲目行动的行为。刘侵霄听后感到问题十分严重，马上让肖平制止这一行动。刘侵霄心想，这个误会说明了两个问题，一是秘密支部两套班子隐藏得很成功，一是被俘干部的政治觉悟很高，不过这个误会不消除，也会对革命造成重大损失。事后，秘密支部找有关人员谈话做了解释，也发展了一批骨干，壮大了秘密组织。

3. 策划战俘途中暴动

一天傍晚，陈财通知李树德：伪满洲国来要战俘劳工，日军要求明天从“天字号”牢房里调1 000人去东北抚顺。

晚饭后，李树德急匆匆找到刘侵霄，把这一消息告诉他，并说：“‘天字号’牢房有不少我们八路军的同志，要想办法同他们打个招呼，让他们早点做好准备。”

刘侵霄一听也非常着急，“我们和‘天字号’牢房的八路军战俘还没有接上关系，现在去安排有些来不及了，不能从别的监号里调人吗？”

李树德：“不行。日本人有规定，天、地、人、财……各个牢房，哪个字号里人满了，就从那个字号里调人。‘天字号’牢房已经满1 000人，日本人已经决定，不可能改变，你赶快想个办法吧。”

刘侵霄想了想，随即把安插在卫兵班的张开明喊过来，吩咐道：“你马上到‘天字号’大棚里转一转，找几个八路军方面的同志，悄悄告诉他们到这里来一下。记住找年龄大一点的，找长胡子的。”

一会儿工夫，来了6个八路军战俘，刘侵霄先亮明了自己的身份，说有紧急事情同大家商量，并让来者自报家门。经过几番对话，刘侵霄得知参会者有一二〇师的班长、决死队工卫旅的连长和排长、汾西抗日游击队的队长等，他们虽然没有同秘密支部联系上，但在暗地里知道战俘营有党的组织。刘侵霄一介绍，大家也就知道是怎么回事了。

接着刘侵霄告诉他们：“日本鬼子明天要从你们‘天字号’里抽调1 000人去东北抚顺煤矿，那里是关东军和伪满洲国控制的地方，逃回来的机会比关内少。抚顺煤矿由日本人控制，煤矿井下暗无天日，进去容易出来难。我们不能挖中国的煤给日本侵略者用，我建议你们在去抚顺的路上举行暴动。路上要走两三天，我想应该有机会的。”

刘侵霄建议他们回去后今晚先找身边的可靠的少数骨干商议一下，先做好思想准备，明天上车后再发动群众。他还结合自己前些天到运城修机场坐火车的情况，对大家说：“我估计1 000多人需要十几节闷罐车，上车时，我们八路军的同志尽量分成几拨乘车，每节车厢都要有我们的人。鬼子和伪军一般不会同战俘一块儿坐闷罐车。车开动后，全是战俘就可以公开地把大伙儿组织起来商量暴动。”

刘侵霄还提醒大家，一定要团结争取中央军、晋绥军的战俘们参加，参加的人越多，暴动成功的机会就越大。

参加会议的6个八路军战俘，由开始的惊愕到接下来的深思，最后都表态：就是同鬼子拼了，也不去抚顺给他们挖煤，一定会找机会发动暴动。会议很快结束，大家随即分头准备，秘密支部的成员也分头活动，关注着明天的行动。

第二天，刚吃完早饭，日军就让战俘们集合。日军与伪军端着枪冲进战俘营院，把“天字号”牢房的1 000名战俘押往火车站，被押走的中央军、晋绥军有点骚动，八路军战俘则很平静。刘侵霄知道昨晚的布置发挥了作用，心中默默地祝愿他们能够取得成功。

战俘劳工队被日伪军押到太原东站，站台上果然停着16节闷罐车，战俘们按编队被赶进车内，八路军战俘同其他战俘掺和在一起，分到各个车厢。整个列车共30多节，除了战俘劳工乘坐的闷罐车，还有十几节运货车。日军十余人分头坐在车头车尾的守备车里，一个排的伪军坐在车尾的一节闷罐车里。列车装货、编组，忙活了大半天，直到下午才开动。开车前，日军只给每节车厢送了一筐窝头，也没有给水。

列车一开动，车厢里像开了锅一样，各车厢的八路军战俘首先站起来，介绍去抚顺挖煤的情况，提出了暴动计划和具体安排。大家听说日军只有十几人，伪军只有一个排，而战俘劳工却有一千人时，都对暴动产生了信心，人们的情绪也由开始的消沉变为激动，进而昂扬起来。暴动逃离成了大家谈论的主题和唯一话题。

列车走了一夜，天亮时到了石家庄，火车加水、加煤，装货、卸货、加挂车厢，日军不让战俘劳工下车，又从门缝里递进一筐窝头，还是没有水。因为是大站，站台上日军较多，又是白天，组织暴动的战俘没有行动，他们理想的时机是在河北境内、天黑以后、小站停车时，这是发起暴动最有利的条件。

中午过后，列车开动了，天快黑时，火车过了北平、天津，在一个小站停下来。战俘们也不知道到了什么站，有人说，再往前开就要进入辽宁省地界了。后来才知道这个站是河北省的唐山站。

列车在这个小站加挂货车。列车两头的日军正在吃饭，几十个伪军抬着窝头筐往列车中间走，闷罐车内却出奇的安静，大家意识到机会来了。

就在伪军们拉开闷罐车的一瞬间，车厢里的战俘们一下子扑向开门的伪军。伪军还没有来得及反应就被战俘压在身下、踩在脚下，他们的步枪也到了战俘们手里。十几节车厢几乎同时行动，抢到枪的八路军战俘首先冲到还没打开的车门前，与伪军搏斗，进而打开车门。当火车两头的日军反应过来时，战俘们手中的枪已经响了，随即日伪军的枪也响了。特别是列车前部的那挺机枪，火力猛、打得准，专门封锁车厢门，使一些还没冲出车厢的战俘被堵在车内。很快，车站内日军的火力也压了上来。

在极短的时间内，除了车尾一节闷罐车的车门因日军火力封锁没能打开外，15 节车厢的战俘都跑了出来。跑出车厢门和封锁火力网，基本就意味着脱离了危险。黑暗中，他们钻过车厢底向四面八方跑去。十几节车厢的门口躺着一堆堆尸体，有战俘的，也有伪军的，还有一些负伤不能行走的。冷冰冰的窝窝头散落了一地。气急败坏的日本兵不分死活，又对战俘伤员和尸体补射了一遍，补刺了一刀。算上没打开门的，日军只抓回 100 多人。在这次暴动中，日军共杀害战俘 100 多人，暴动逃出去将近 800 人。据八路军冀东抗日武装统计，暴动战俘中有 300 多人在此后参加了八路军。

此次暴动发生后，日本驻晋第一军长官筱冢义男中将在电话里把战俘收容所所长松本大佐臭骂了一顿。此后，日军再用火车押送战俘时都加强了戒备，每次往车厢里送饭都由几个日伪军用枪对准车厢门，一个车厢一个车厢地开门、送饭、倒便桶。战俘们想在押运途中暴动，则更加困难。这次暴动是太原战俘营秘密支部策划成功的最大的一次暴动，也是跑出战俘人数最多的一次暴动。

4. “虎列拉”的暴发

战俘是不幸的，女战俘则更不幸。太原战俘营的女战俘不多，她们在战俘营待的时间也不长，但她们的命运却更加悲惨。除了同男战俘一样被奴役劳动外，她们还要遭受日伪人员的性奴役、性侵犯。她们一般不会被外送充作劳工，但不是被送给日伪人员当小老婆、当佣人，就是被日军送到随军妓院充当慰安妇。

一天，战俘营押来一批战俘，其中有7个是女性。好久没有见到女人的战俘们见来了女同胞都很好奇，一些人就围上去，看女战俘登记、编号，有的还窃窃私语、评头论足。女战俘们还没有被登记完，就被金翻译和两个日本兵押走了几个，而且是其中年轻漂亮的。一些战俘嘴里不说，心里明白，这是羊落了虎口，这些女兵又要被日伪人员糟蹋了。老战俘都知道，东院的日军厨房里有几个女战俘，她们每天的工作就是帮厨做饭，伺候鬼子吃饭，给鬼子洗衣服，晚上陪鬼子睡觉。所长松本大佐单独占着一个女战俘，其他几个女战俘则要忍受其他日本官兵的轮番蹂躏。

几天后的一次支部碰头会上，支委李一夫说："刚进来的7个女战俘中有两个是我们八路军的同志，一位是一二〇师一个副团长的爱人，一个是一二〇师剧团的文艺兵。她们在反'扫荡'时于宁武被俘，几经辗转押到这里。那个副团长的爱人被俘时，丢在老乡家的孩子还在吃奶，她和我说，要不是为了孩子，她早就在押解的路上跳崖自杀了。那个剧团的女同志很会掩护自己，被俘时就在脸上抹了锅底灰，已经很多天没敢洗脸了。我们要尽快想办法把她们救出去，否则她们的结果会很惨。"

听了李一夫的发言，大家都沉思着。李树德用过去营救同志的三种办法，一一进行分析："装传染病'释放'不好办，女同志太显眼；送出去做工不合适，劳工队没有女战俘；装病假死混出去太危险，更不合适。那就只有借放传染病号这一机会了。我马上去找陈跃庭，看是否可以再放一批病号，让她混在里面出去。”

刘侵霄接过话茬：“日军对女战俘看得紧，不会轻易放出去，可以让她们化一下妆，女扮男装混在人群中间，还要安排几个可靠的同志照顾她们，护送她们回部队。”

碰头会后，李树德马上安排陈财、陈跃庭策划放病号的具体措施。刘侵霄则在八路军战俘里挑选着可靠的同志，准备陪那两个女同志一起出去。但李树德找陈跃庭一谈就碰了钉子。陈跃庭担心这样做会被日军很快发现，如果追查下来，自己难逃干系；万一暴露了，后果不堪设想。李树德则很坚定：“困难和危险我们也想到了，这几个人不是放不放的问题，而是怎么放的问题，再大的困难和危险我们也要办。”但陈跃庭还是不答应。

李树德又去找刘侵霄，他们分析了陈跃庭不肯帮忙的理由，觉得也有一定道理。为了把危险降到最小，争取最大可能性的成功，大家认为应当尽快搞出一个传染病大流行的场面，迫使日军大批地放人，再利用这个机会把几个女同志营救出去。

随即，李树德按照秘密支部的决议，把商定的办法告知陈财、陈跃庭，请他们安排。陈跃庭听到新办法后思索了一阵，觉得可以试一试。

几天后，陈跃庭向日军方面报告：集中营里开始流行霍乱（日本人称“虎列拉”），由于药品太少，已经很难控制了，并要求日军提供治霍乱的药品、扩大病号隔离室，将难以治愈的危重的病号尽快放出去，以免霍乱大规模暴发。

秘密支部也安排战俘们装病，挤进病号隔离室，很快病号隔离室就塞得满满的装不下了。装病的战俘由于长期营养不良和繁重的体力劳动，一个个面黄肌瘦，头发、胡子老长，不用装病也已经很像病人了，再稍微一装，日本兵根本看不出来。为避免真的霍乱流行，战俘们把真的患病的战俘抬到门口、院内，制造出“虎列拉”大暴发的假象。

陈财也向日军报告：最近“虎列拉”暴发，病号大量增加，如果流行开来就更可怕，可供外送的战俘劳工就会越来越少。

几个方面的造势让日本管理人员也很紧张，更加不敢到战俘营院里来了。只是派金翻译和一个日本下士戴着大口罩，在战俘营院里和隔离室门口匆匆转了一圈。见日本兵来了，战俘们装得更像了，有的还发出呻吟、叹息、求救的叫声。

战俘营所长松本大佐立即把战俘营暴发“虎列拉”的事，向驻晋第一军的长官筱冢义男进行了汇报。筱冢义男因劳工在押运途中发生暴动而产生的怒气还未消除，现下又听得“虎列拉”暴发，于是冲着松本一顿发火：“你这个笨蛋，虎列拉的厉害你不知道吗？你是打算让收容所的苦力都死光吗？现在我们的兵员不足，中国苦力对我们何等重要你不明白吗？没有苦力供我们使用，我拿你是问。”

当天下午，天已经渐渐暗了。太原战俘营开始了一次大规模的传染病号的“释放”。大批日伪军端着上了刺刀的长枪，戴着口罩，冲进战俘营院里，把没病的战俘赶进牢房，不许其出来。同时把病号隔离室里还活着的100多名“患病”战俘，全部赶了出来。“患病”的战俘东倒西歪，站不成队。日军没给他们发释放证，也没有进行验证，直接将其送出了离战俘营最近的太原城小东门。

这批传染病战俘互相搀扶着，慢慢地走着。不一会，天就黑了，他们不由得加快了步伐，向北绕过东城墙后，直奔西面的大山里去。这支队伍一共130多人，其中八路军战俘47人，国民党军战俘80多人，真正的病号只有20多人，两个女战俘也女扮男装夹在人群中。他们在秘密支部的策划下，由八路军一二〇师马副连长带领，逃出了战俘营，逃出了太原城。他们先来到离太原20多里的西山脚下，马副连长根据战俘们个人的要求，让愿意回家或投亲靠友的自找门路，愿意参加八路军的随自己去根据地。经过一夜一天的艰难行军，马副连长带着47个八路军战俘和30多个国民党战俘，先到了晋绥八分区驻地，再到晋绥军区一二〇师驻地，受到了部队领导的接见和欢迎。他们向部队领导汇报了战俘营秘密支部的斗争情况，部队领导随即指示敌工部门尽快派人与战俘营秘密支部取得联系。

5. 刻骨铭心的逃离

日军对企图逃出战俘营的人总是残酷地处死，为的是让战俘畏惧逃跑，而实际上多数战俘却总在寻找逃生的机会。

有的在外出劳动时逃跑，有的在押送途中逃跑，有的则在就劳的厂矿里组织大伙儿一起逃跑。

太原战俘营的战俘，一进战俘营就必须强制参加劳动。要么在战俘营内搞卫生清理、生活服务，要么在市内搞市政建设、道路维修，一度还被拉到太原东山修碉堡、挖战壕，建设军事工程。自战俘营设立开始，也向各地输出人员和劳工，有的战俘被编入伪军、伪政权、伪警察，有的被送到各地厂矿企业当劳工。这些输入地从地域上讲，有中国的东北、华北、华中地区，还有日本本土的一些厂矿。但条件比较好的地方还是山西省内，特别是太原市内。省内工矿如大同、阳泉、轩岗、霍州、晋城等地的煤矿，市内工矿除太原西山煤矿外，还有飞机场、洋灰厂（水泥厂）、发电厂、铁厂、面粉厂、电灯公司等。说市内工厂好，只是相对东北的煤矿而言，其劳动强度稍微小点，生活条件稍微好点，而且战俘在家乡人熟地熟，便于组织越狱逃跑。因此秘密支部成立后，成员们时常利用工程队长安排劳工的权力，把八路军战俘尽量安排在太原本地或山西境内，以便他们早日归队。

一天下午，翻译陈财告诉工程队队长李树德："明天，太原城北门外军工路的电灯厂需要50名战俘。那里吃的还好一些，干活也不太累，可以让你们的人去。"李树德急忙找刘侵霄商量，决定派汾阳游击大队大队长肖平带队，带领37名八路军战俘和13名中央军、晋绥军战俘前往。

这批战俘劳工一进厂，日本厂主就对他们许诺：只要好好做工，将来就正式恢复自由；如果不好好干活，死拉死拉地有。有些国民党战俘还真信了日本人的鬼话，打算好好劳动，早日恢复自由。而八路军战俘从来不相信他们的鬼话，也没准备在这里长期干下去，只是一门心思地想办法逃出去，并在斗争中形成了以肖平和两名参加过长征的老红军为主的三人领导核心。

刚到电灯厂的第二天，他们在厂房挖地基担土时，一个晋绥军战俘因为靠电网太近，低头时被电网吸住，只喊了一声便不住地发抖。一起干活的战俘想去拉他，也被电流瞬间击倒。有人想去拉电闸却找不到闸盒，只一会儿工夫，那个战俘便挂在电网上死了。

这次事故夺去了一个战友的生命，大家心里都很难过。等安排了这个战俘的后事，肖平也告诫大家远离电网，防止触电。战俘们也从这件悲剧中了解到电的厉害，有的人也开始琢磨起将来逃跑时如何跨越电网的问题。

转眼就快一个月，在这期间，战俘们一直非常注意查看地形，寻找敌人的防卫弱点，选择外逃的出口。他们发现：整个院子的墙外有一道电网，电网半米以外还有一圈铁丝网。高墙和铁丝网好解决，就是电网难以穿越。但是有段围墙与电网和铁丝网的距离比别的地方近，只有一尺左右，而且离墙不太远，如果跳得好，可以从墙上一下子跳过电网和铁丝网两道障碍。这个地点就在他们所住平房的墙外，房顶比围墙高一些，出去就是兵工路。经过一致商议，大家认为这是个不错的地点。

选好逃跑路线，制订好逃跑计划后，肖平就有意识地让大家在干活中间或下工以后练习蹦高跳远，增强体质，锻炼体能，等待合适的时间逃离魔窟。

终于等到一个没有月亮的夜晚，半夜 12 点，八路军战俘们按照预先的约定，为避免惊动别人，他们佯装上厕所，每隔一段时间出去一个人，悄悄离开住房，摸黑爬上了房顶。

肖平首先上了房，站在房顶上往下一看，才觉得房子其实并不矮，离地面很高。寂静的周围远远传来几声微弱的狗叫，在一片黑漆漆的夜幕的掩护下，望着房下两道网的外面——那就是一个自由的世界，肖平顿觉勇气倍增，他对身旁紧跟上来的郭仲楚、李德昌说："敢跳吗?"郭仲楚说："敢！跳吧。"肖平首先跳下去，但结果却重重地跌倒在地，把腰腿摔伤了，无法站起来。紧接着郭仲楚、李德昌也跳了下来。李德昌虽然也跌倒了，但很快站起来，跟着郭仲楚朝对面的暗巷中跑去。其他人也接二连三地跳了下来。一些胆小的战俘见肖平摔坏了腰身，没敢再跳而缩回去了。肖平向他们摆手轻声喊："跳不下来，快回去，再找机会。"

很快，跑出去的郭仲楚、李德昌见肖平没有跟上，就又跑了回来，有人数了一下，共 15 个八路军战俘成功跳了下来。

见肖平摔伤了腰，郭仲楚立马将其背起，带着大伙沿着太原的北城墙壕沟，跑到西城墙壕沟里，向西山根据地前进。因为速度慢，天快亮时他们才跑到一片菜地里，这里是太原与西山的中间地带，仍是敌人的占领区。看到郭仲楚气喘吁吁、大汗淋漓，肖平不愿拖累大家，就从战友背上挣扎着下来说：“我们不能死在一块，你们腿脚好快走吧，回到八分区告诉首长，就说我牺牲在太原城外了……”

大家舍不得丢下肖平，但天亮后十几个人一块行走，目标太大，很容易被敌人发现。于是经过肖平的再三劝说，大家才将其隐藏在一个干涸的水渠里。郭仲楚脱下自己的棉衣给他盖上，说道：“你等着吧，我们上山以后想办法接你。”战友们走了，肖平心里也坦然了，很快便在水渠里睡着了。

天亮后，躺在水渠里的肖平浑身疼痛，口干似火烧，想挣扎着爬起来，却被一个种菜的青年农民发现了。危难中的肖平不敢向这个陌生人求救，那人也看到了肖平，但他不知道这是什么人，也不敢走过来。双方互相猜测着。肖平心想，反正也是一死，干吗不叫他呢？

听到喊声，那个年轻人立即就过来了。肖平不敢说出真相，只说自己是中国军人，被日本人抓住上了火车，因跳车逃跑跌坏了腿，同伴将自己背到这里，他们走了自己也动不了了，希望能够讨一点水喝。

年轻农民不说话，转身取了一碗水给肖平，沉思了一会说：“中国人不能害中国人，我知道八路军是好人，打日本杀鬼子，也不祸害老百姓。但我这里不能久留，每天都有鬼子汉奸来这里拿菜，他们见到肯定不会放过你。西边靠汾河边上的菜地已经没菜，很少有人去，在那儿有个草庵子，住着一个老头，我把你送过去，他还可以照顾你。”说着把肖平背在肩上，将其转送到草庵子里。

草庵子里住的老人叫张巨华，50多岁，家住西山白家崖头村，被当地富农雇用种菜为生。他对日伪军的罪恶行径非常痛恨，对八路军游击队则印象很好。听说肖平是从日本鬼子那里跑出来的，便热情接纳了肖平。虽然家中生活比较贫寒，老人还是拿出家里最好的东西，每天为他做饭、煮南瓜。肖平在这里第一次吃到了西红柿，感动得热泪直流。一位老婆婆还买了两个烧饼，到草庵子里来看望肖平。肖平同老人挤在一条低矮的土炕上并头睡觉，生活不能自理，全靠老人照顾。肖平自己不能解手，老人就让肖平趴在自己背上大便。经过老人九天的精心照料，肖平能慢慢地走动了，归心似箭的他决定告辞老人而归队。老人本想挽留，但也怕时间长了会有危险，就准备了一些干粮送他上路。临走时又叮嘱肖平道："汾河上的洋桥不能走了，前几天八路军在那打死两个鬼子，现在查得很紧。这里离汾河不远，我给你两毛（两角）钱，让背河的人把你背过去。朝西山走，上山找人问问寺头村，那里就是抗日县政府的地方。"

肖平按照老人的指点被背河人背过汾河。他不敢走大路，只能钻高粱地、玉米地，绕开村庄走。由于伤未痊愈，十多里地走了四个小时才到西山脚下，这时天已黑了。看到附近有个村庄，但他不敢进村，便向村外打麦场上的小草屋走去。正准备往里进去，他突然看到草屋里有两道绿光直逼向前方，而且伴着呜呜的低叫声，肖平一惊，立即闪开屋门，只听"噌"的一声，窜出一只动物，不知是狼还是狗。肖平惊跑了里边的"房客"，取而代之在小屋的草上睡了一夜。

第二天天还没亮，肖平就动身爬山。山路更加难行，肖平走走歇歇，直到中午才翻过西山，来到了一个村庄。他再一次没敢进村，向一个在地里收割高粱的青年农民讨要了点干粮和水，问清了道路便继续前行。天快黑时，他来到一条大河旁边。河水哗哗地流动，周围没有一个人影，也不知河水深浅。肖平不知能否过河，但到了这地步，再危险也得试一试。他连鞋袜都没脱，一咬牙就下水蹚河了。水逐渐加深，最后都漫过了胸部，而冰凉的河水又使肖平的腿突然抽起了筋！原本就摔伤未愈，在平地上行走都困难，现在又走进了深水中，再加上抽筋的疼痛难忍，肖平几乎栽倒进了河里。但上天保佑，他最后还是强渡成功了。

浑身是水的肖平过了河后，他已经站不起来了。这时天已完全黑下来，肖平匍匐在河边，冻得直哆嗦。他望见远处有微弱的灯光或明或暗地闪着，于是就沿着河边小道朝灯光爬去。边爬边歇，两个多小时，他终于爬进河边村庄一家院落的门口。当时大约晚上 9 点，正在吃饭的房东被眼前的情景一惊，他们看不清进来的是什么东西。肖平张口问这是什么村，人家才知道进来的是个人！当他们告诉肖平这就是八路军所在的“寺头村”时，肖平长叹一声：“可到家了！”顿觉浑身散了架一样，再不能动了。

驻在该村的八路军是一二〇师的手枪队，他们闻讯立即赶来对肖平进行了救治，并把肖平送回原部队。

在汾河畔养伤的九天令肖平非常感动，终生难忘。中华人民共和国成立后，肖平找到了张巨华老人，并多次看望他，感谢他的救命之恩。

6. 冒牌的“王书记”

战俘营里有英雄好汉，也有叛徒汉奸。一天，有个战俘向工程队队长李树德反映，说晋察冀部队有个被俘的自称“王书记”的班长，他利用到东院给日军搬运东西的机会，主动同朝鲜籍金翻译搭讪。他们鬼鬼祟祟说了很长时间，别人都干完活回到西院了，他们还在交谈。李树德听到这消息马上警觉起来，他在陪伴中国籍翻译陈财抽大烟时，假装无意地提到了金翻译官。

陈财听后，马上坐起来说：“你不提他，我倒忘了，就是你们八路军的人向金翻译告密，说‘人’字的253号刘上士（刘侵霄）是这里面的头头，专门组织大家和日本人对抗，好像还有什么组织。金翻译官中国话讲得不好，也没完全听明白，让我调查处理这件事。我问金翻译官，那家伙怎么不向我报告，金翻译官说，他知道我和你们关系好，担心向我报告没用。”

陈财说到这儿，又提醒李树德：“这个人你们赶快处理掉，弄不好你们完蛋，我也跟着倒霉。”

听闻此言，李树德脊梁发冷，没心思再陪陈财说话，马上找到刘侵霄和李一夫来商量对策。李一夫发言：“这个问题要马上处理，但首先要搞清这个王书记是哪个单位的书记，在集中营里怎么还能叫这种称呼？集中营真是个考验人的地方，没有点坚强意志还真难过这一关啊！最近这段时间里，老刘出面太多，有点头脑的人都能看出你在这院里的位置，你已经暴露了。我的意见是，找机会你先出去，继续留在这里你会有危险。”

刘侵霄应声：“我们虽然早就提出要注意叛徒汉奸，可真出了叛徒汉奸还是有点紧张，这就算给我们敲了一次警钟吧。看来，我们支部的第二套班子也应尽快形成领导核心，以应对第一套班子遭破坏后的接替工作。”

李树德急切地说：“我同意老李的意见，老刘要尽快出去，再待下去实在太危险。”

刘侵霄：“个人安危是我一个人的事，影响了营救工作是很多人的事，我们在这里的局面刚刚打开，我现在走还不是时候。”

李树德又接着说：“我们对陈财、陈跃庭的工作，都是以老刘为主做的，现在正是营救工作的最好时机，老刘出去，肯定会使营救工作大受影响。可是老刘不出去又太危险，两难啊！”

李一夫对局势又进行了分析：“要不我们先稳一稳，再从陈财那里了解一下，看这个叛徒到底说了些什么，对我们的危险有多大，再决定下一步怎么办？”

李树德：“那好，我现在就去安排。”

刘侵霄拍拍李树德肩膀：“陈财的情报送的也算及时，明天多给他两块大洋，算是奖励。”

晚上战俘收工回来后，李树德派卫兵班把叛徒“王书记”带到一个空闲房间。没等“王书记”反应过来，他就被卫兵班五花大绑地捆了起来。他刚喊了一声，就被战俘张开明的大棒吓了回去。

李树德坐在桌子边上，低声严厉地问道：“你是哪个部队的？是什么书记？”

被捆者低着头：“我不是‘书记’，我原来的名字叫王秫秸，家里说起个贱名好养活，当兵后一直用这个名。被俘后管登记的顺手写了个‘王书记’，我就默认了。”

李树德质问道：“书记可是共产党的政工干部，你也敢默认。”

王秫秸害怕地说：“我看见当官的都住在将校班，能吃饱还不干活，就以为冒充共产党的干部能受到日军优待，所以就默认了。”

李树德站起来，走在王秫秸背后厉声问：“你都向日军报告了什么？”

王秫秸大声喊冤：“没有，没有，什么也没向日军报告。”

见他态度不老实，卫兵们便抡起棍子，几下子就打得他嗷嗷叫。张开明急忙拿块破布塞进他的嘴里，问他话时再把破布拿出来，不需要答话时再塞进去。几个来回，就把王秫秸震住了，他磕头如捣蒜，把什么都交代了。

原来王秫秸在押进战俘营时，虽然登记了“王书记”，也没混进将校班，心里有些不平衡。后来听日军说只要听话好好干活就能被释放出去，如果有立功表现还能提前释放、安排工作，他一心想着要出去，就想办法能够立功。他发现刘侵霄和李树德一伙人在战俘营很活跃，专门同日军对着干，所以估计战俘营肯定有共产党的秘密组织。经过几番猜想，他认定刘侵霄是负责人，就想通过给日军告密来立功。他又看到翻译陈财同刘侵霄等人来往密切，怕向陈翻译报告会传到刘侵霄耳中，于是就向金翻译报告了，没想到还是被刘侵霄等人知道了。

听了王秝秸的交代，大家又可气又可笑，又可悲又可耻，抡起棍棒打了他一顿。发现王秝秸倒在地上不出声了，有人用手在他鼻孔前试了试，发现他已没了气。当时天已经黑了，几个卫兵把王秝秸抬到病号隔离室，扔到地上，想等第二天拉尸体的马车来后同其他尸体一块拉走。

第二天，日军要往大同煤矿输送300名战俘充当劳工。日伪军押着战俘出门时，李树德突然发现伤痕累累的王秝秸也在劳工队伍中，他立即冲上去想把王秝秸拉出来，几个卫兵也跑上前帮忙。王秝秸见状，急忙快走几步出了大门。李树德虽是工程队队长，但仍然是战俘，没有日军的允许是不能走出大门的。几个日军端着刺刀，把他挡住了。

李树德急得大喊："那个人有病，他不能出去做工，他有病啊！"但日本兵既听不懂，也不会听他的。等翻译陈财赶过来时，这批战俘劳工已走得看不见影了。

原来王秝秸当时并没有死，只是昏了过去。夜晚，地上的凉气使他清醒过来，他知道继续待在这里会小命难保，于是索性装死，想等被拉出去后再伺机逃离。天亮后，他听到哨音响起，又听说要往外送劳工，便悄悄溜出病号隔离室，混进了这支马上要出门的劳工队。他寻思着，只要离开了战俘营，就能躲过秘密支部的追查。

为这件事，李树德懊恼了好几天，他担心王秫秸如果再次揭发告密，日军如果追查过来，刘侵霄的处境就危险了，大家都为此而忧心。忧心归忧心，但营救战友、保护同志的工作还得继续做。一天下午，陈财神情紧张地同李树德说："明天上午，日军在东北的一个秘密部门来要人，他们要亲自来挑选，选拔的条件是身强力壮、没有得过病的，我觉得这不是什么好事。"

李树德忙问："东北什么地方？干什么活？"

陈财摇了摇头，"不知道去东北什么地方，只听说是在医疗部门，要搞什么科学试验。挑人就挑人呗，可他们不说挑人，而说挑选'马路它'。"

"日语'马路它'是木头、材料的意思，看这架势绝不是什么好事，明天集合时，让你们的重要人物预先藏起来，让这些人不要去集合。"并嘱咐李树德，"这事不要向任何人说，万一泄漏，你我脑袋不保。"

当晚李树德便向秘密支部的主要领导进行了通报，大家经过商议，认为日军此番要人是用来搞细菌武器试验或化学武器试验，此去绝无生还的可能。于是赶忙通知了20多个八路军的军政干部，让他们连夜躲进病号隔离室。

第二天战俘集合后，果然来了30多个全副武装的日本兵。他们挑来捡去，选了50个身强力壮的战俘，押上汽车拉走了。

这些人到底送到哪里，战俘们当然不会知道。直到战后人们才弄清楚，这次来挑选“试验材料”的，正是设在哈尔滨的七三一部队，日军对外称防疫给水部队，实际是专门进行细菌作战的部队。这支部队的创始人石井太郎，就是用中国战俘及民众进行细菌试验的刽子手。当时，他因经济问题被降职处分，从东北调到华北的细菌部队（即一八五五部队）的太原支部，负责领导第一军的细菌部队。他虽然被调到太原，心里还惦记着哈尔滨的老巢，除在山西进行细菌试验和人体解剖外，还担负着为七三一部队挑选、输送试验材料的任务。

秘密支部在这次日军挑人进行试验时，为今后的革命做了一件好事，保护了一批军政干部，但日军还是拉走了50名年轻力壮的同胞。想到这50个活蹦乱跳的青年成了日军细菌试验的牺牲品，秘密支部和知道这件事的人心里都不是个滋味，既很无奈，又很内疚。

7. 艰难的“回家”路

转眼到了1941年夏天，秘密支部除第一次同分区敌工部的同志段士楷联系上外，只收到过上级一次来信，内容仍然是坚持斗争、不急于出去，继续营救同志们出狱。而对于陈财希望得到小毛驴种菜、需要经费做小买卖、帮助办理秘密联络站的事情，一直没有任何指示。秘密支部在此期间先后采用派遣劳工到本地厂矿的方法营救战俘时，都会刻意安排党员骨干，要求他们逃离后向根据地汇报情况，但仍然是泥牛入海无消息。这时候，中条山战役的老战俘大部分都已送走，战俘营里只剩下1 000多人，主要用于满足太原当地厂矿和当地日军的劳工需求，给日军野战医院输送战俘用以供医院抽血、细菌试验和活体解剖等。

秘密支部期盼着上级领导能够来信，对狱中工作给予指示。翻译陈财看八路军方面一直没有消息，认为刘侵霄等人说话不算数，因此提出了意见。李一夫认为，组织若要想派人来，机会一直有很多，然而却没有任何信息，应该是根据地发生了新的未知情况，他说："我认为不能消极等待，应该主动派人回去，向组织做全面汇报，我觉得老刘回去最合适。"

李树德说："我同意，老刘三年前就是敌工科科长，有对敌工作经验；前一段时间又暴露太多，已引起敌人怀疑，继续留在这很危险。"

刘侵霄当然想回去，他恨不得马上回到组织的怀抱，但他放不下这里的工作，不肯自己先走，想和大家一起离开，他推托说："再等几天吧，也许这几天就会有信儿的，再说出去的事也不是我们想走就能走的，还得找机会。"

可是眼见着形势一天天恶化下去，根据地仍然没有任何消息。刘侵霄终于坐不住了，秘密支部便组织大家开会研究。刘侵霄首先发言："看来'家里'真有情况，不然不会不和我们联系，现在我们必须派人回去联系，如果再等下去会耽误很多事，失去很多机会，对工作很不利。"

李树德接过话茬："我早就说过你该回去了，你再待下去真可能会出问题。我听陈财讲，日军要成立什么‘教导感化队’，专门对八路军战俘进行所谓的‘特殊教化’，万一你被弄到那里面就麻烦了。”

刘侵霄：“陈财已经对我们有看法了，认为我们说话不算数，是想欺骗他。再拖下去，真可能要出问题了。”

大家又交换了一下情况，最后李一夫以决定性的口吻说：“我完全同意，我们必须马上派人回去联系了，不能再等了，老刘回去最合适。马上走，越快越好，让陈财想办法，他肯定会有办法。”

两天以后，陈财以自己的菜地需要一名种菜的苦力为由，给刘侵霄开了一张释放证。临走的那天，李树德把刘侵宵送到战俘营大门口，再三嘱咐其回部队后，把自己脱离八路军、如何当了晋绥军少校的情况向组织说明一下，表示要求正式恢复党籍和出狱后回归部队的强烈要求。终于走出了这个魔窟的大门，刘侵宵默默点头向李树德告别。陈财担心路上会生变，一直把刘侵宵送出太原城的大南门，送过汾河桥，才挥手告别，分手前还一再嘱咐：“是否合伙做买卖，请早日回话。”

逃出日军魔窟的刘侵霄，终于摆脱了敌人的迫害。人一高兴，走起路来脚底生风，天快黑时便进了西山。为了尽快走出敌占区，他星夜兼程奔赴前方。可是没走几步，他就看见前面有两盏灯在忽闪。开始他以为是山中老乡窑洞的灯光，接着却发现两盏灯突然移动起来，从小在农村长大的他马上明白了，这是遇到狼了。要在平时，一个军人当然不怕一只狼，可现在他大病初愈，身体很弱，又是赤手空拳，不能不心中发毛。他本能地从地上拣起两块石头用以自卫，又看见路边有几棵小树，便迅速靠拢过去。两眼发着凶光的孤狼见他挪步，也低着头，弓着背，跟了过来，一副急于进攻的架势。靠近小树后，刘侵霄突然用手中的石头向散发凶光的狼眼砸了过去，狼跳起来向后退了几步，刘侵霄便趁机折断了一棵小树，拿在手中。

手中有了家伙，心里就有了底气。刘侵霄举着树棍与恶狼僵持着，谁也不主动发起进攻。他想，这样下去，自己的精力、体力都顶不住，于是便用受过伤的左手捡起一块石头，右手挥舞着近两米长的树枝，向孤狼靠过去。人进，狼退；人停，狼驻。他在狼的陪伴下走了一里多地，突然狼不见了。刘侵霄知道狼是狡诈的动物，它绝不会善罢甘休，于是一边大步快走，一边警惕着四周，果然发现狼在后面不远不近的地方跟着。刘侵霄一边走一边用手挥舞着树枝，狼一直找不到进攻的机会。经过大半夜连惊带吓的打斗，刘侵霄挥舞树枝的右手累得抬不起来了，而左手又负过伤使不上劲，他只好把石头揣在怀里，用两只手一块儿挥舞着树枝，累了就坐下来歇歇，缓过劲儿了就继续走。走着走着，突然，刘侵霄发现前面又有几个亮点，他以为又遇上狼群了，脑子里一闪而过“这下完了，没被鬼子整死，这回要被狼吃了。没别的办法，只能拼了”。他双手握紧了树枝，过了一会儿不见前面有动静，揉揉眼仔细看，才发现是个村庄，前面的亮点是老乡窑洞的灯光。他立即向村庄走去，那只孤狼不敢进村，只能掉头溜走了。

因为与狼缠斗一夜劳累过度，刘侵霄刚敲开一户人家的大门就一头栽倒在院子里。听见动静的老乡见状，忙把他抬到窑洞里，几口水下肚，他才缓过劲来。老乡看见他穿的衣服，知道他是八路军，忙给他吃了碗黑豆炒面，他才有了点力气。但由于这里仍是敌占区，日伪军常常会过来盘查，而村里还有汉奸，为了不连累老乡，刘侵霄只稍做休息，鸡叫头遍天还未亮，便带上老乡送的几个玉米饼子，拿着一根打狗棍，绕过村庄向深山走去。

由于当地是根据地与敌占区的交接处，也就是人们常说的拉锯地带，各村都有敌人的眼线。刘侵霄仍然不敢贸然进村，只能绕村而过。

走到下午，乌云突然涌上来，天也越来越黑，顷刻间雷电交加，暴雨倾盆。刘侵霄在路边的破烂小窑里躲了一会儿，眼看着雨渐渐小了，他想起昨晚遇狼的教训，不敢再走夜路，便加快脚步冒雨前进。天黑时，他看见一个小庙，便摸黑走了进去。庙里面很黑，伸手不见五指。他摸了一阵后发现里面有个人在睡觉，正准备叫醒那人时，突然一声雷响，一道闪电划过夜空，一下照亮了这个人的面孔，只见他眼睛瞪得老大，躺着一动不动，原来是个死人。刘侵霄吓了一跳，赶紧退出小庙，拼命往山上爬。山刺、荆棘划破衣服，划伤了手脸，他也没顾得上处理。又走了 20 多里地，终于看到了村子里的灯光，他才趔趔趄趄地向灯光走去。这个村子里有八路军一个情报站，战友们把刘侵霄扶回屋里，问明情况，又忙着为他做饭烤衣服。此景此情，一股温暖的“家”的感觉从刘侵霄心里缓缓而起，几个月来，他第一次睡了个安稳觉。

情报站的同志们看他身体虚弱，劝他休息两天，但他归心似箭，第二天吃过早饭就带上同志们为他准备的干粮上了路。在根据地的地盘上，再不用躲躲藏藏地赶路，每过一个村子，都有善良的人帮他烧水、烧饭、指路。近百里的山路走了整整一天，天将黑时刘侵霄赶到了晋绥八分区的驻地会立村。

见刘侵霄安全回来，同志们十分高兴，大伙儿围上来问这问那，忙得他不知道先回答谁。见他头发胡子老长、衣服破烂、浑身灰尘，大伙儿忙着给他烧水、做饭、剃头、洗刷，为他发了新衣服、领了新铺盖。当晚，八分区司令员韩钧和副政委王逢源等首长都前来看望了他。

领导对刘侵霄的归来十分重视，专门召开了关于太原战俘营的专题党委会。刘侵霄向党委做了全面汇报，并重申了同翻译陈财做小买卖、借机建立秘密联络站的计划和要求。会议开了整整一上午，领导们不时地插话、提问，党委分析了作战失利、很多同志被俘的原因，主动承担了责任，肯定了他们被俘后的斗争精神和工作成绩，对他们建立秘密支部、利用派遣劳工的机遇保护营救战友、先让电台的人员归队以及利用释放传染病号的机会营救女战俘和两百多战友的事迹进行了表扬。

第二天，刘侵霄和段士楷又带着警卫员骑马到了晋绥军区驻地兴县蔡家崖，向晋绥军区政治部主任甘泗淇、政治部敌工部长陈钟进行了汇报。甘泗淇对他们不顾个人安危建立秘密支部营救战友的行为给予了肯定，并表示会尽快向贺龙司令汇报。陈钟表示：太原的秘密联络站一定要建立，具体由谁牵头、如何联络，经研究后会给予答复。最后，刘侵霄又专门汇报了李树德的表现和其归队的愿望。敌工部部长答应会另行安排他的任务，并让刘侵霄今后代其对李树德加以安慰。当晚甘主任、陈部长还同他们共进晚餐，进行了细谈。

向晋绥军区汇报后，刘侵霄觉得办成功了一件大事，战俘营的工作交给上级了，自己的任务完成了，可以留在部队继续工作了。没想到回来的第三天，军区就给八分区来了具体指示。军区同意与翻译陈财合作搞一个小买卖，我方出资300大洋，陈财负责找地方和铺面，红利五五分成，我方由李一夫负责具体经营、管理，陈财不干预；同意战俘营地下党支部的组成，指示李树德继续长期潜伏下去，营救八路军被俘同志；李一夫直接对晋绥军区负责。并要求刘侵霄和段士楷再赴太原，帮助建立情报站。

这时的刘侵霄，心情极为复杂。他实在不愿回那个充满了生死回忆的地方，而眼下没有任何身份证明，回去的危险也很大。可是任何人都不如自己熟悉战俘营的情况，于是他表示坚决服从党的决议。

刘侵霄和段士楷穿着平川农民的服装，赶着一头骡子，急匆匆地走在去太原的路上。由于两人结伴而行，走着路，说着话，谈天论地，既讲政治又讲军事，所以走得很轻松。两人都是老“敌工”，有经验也有胆量，他们知道在敌占区活动，越是谨慎、鬼祟，越容易招来麻烦。所以他们索性大摇大摆地走，既走大路，又尽量不过村子，沿途也没有遭遇敌人的打扰。经过两天半的路程，他们来到太原南郊区新庄村，在段士楷的带领下，直奔给陈财种菜的李成牛家。

8. 秘密联络站的夭折

李成牛是太原当地人，也是晋绥八分区的地下交通员。他以给陈财种菜、种大烟，每天到战俘营拉大粪为掩护，往来于太原城内外，出入没人检查。他曾为八路军在太原采购过钢锉、枪簧、硼酸、黄碘膏、纸张和油印机，掩护过经此地“过路”的八路军，为八路军送过信送过情报。秘密支部给根据地的信件，就是通过李成牛转送出去的。

李成牛刚从战俘营淘完大粪归来，身上还有一股臭味。见段士楷、刘侵霄来了，急忙接过牲口拴在院里，请客人到屋里说话，又招呼妻子烧水做饭招待客人。段士楷和李成牛很熟，说话就自然很多，没等李成牛喘过气来就给其布置任务：“你今天再进一次城，告诉陈财，山上下来人了，有事和他面谈。”李成牛匆匆吃了几口饭，就进城去了。

当天下午，陈财就来到李成牛家。段士楷代表部队领导感谢陈财对八路军战俘的照顾和营救，接着交代了部队希望和他合作做小买卖的计划和意图，表示部队愿意拿 300 块大洋做资本来做生意，但要求陈财先找房子、定铺面，把战俘营的李山（李一夫）营救出来负责经营管理，盈亏五五分成；并明确前期筹备工作由刘侵霄和陈财一起来做。

段士楷对陈财说：“刘先生和你一起回太原，以后的事情你同他商量，你看他住在哪里较为安全?”

陈财掩饰不住一脸的高兴，当即表态：“感谢贵军送给我一头骡子，我完全接受贵军的条件和安排，一切按贵军的要求办，我会尽最大努力实现贵军的意图。至于刘先生，在没找到合伙地方前，先住我家吧。他没有身份证明，在太原不能随便走动，但跟我一起出去绝对没有问题。你们不是还要派人来吗？到时候再找合适的地方住，我再想办法，一起办几张良民证，就没问题了。”

段士楷又拿出200元伪币送给陈财，说是一点儿心意。陈财假意推辞了一番，也就收下了。当晚，段士楷连夜赶回部队，刘侵霄随陈财进城住在陈财家。第二天上班时，刘侵霄让陈财给李树德、李一夫带去一封信。虽然信中只有简单的两句“我回来了，有事面谈”，他俩却非常高兴，要求陈财安排他们见面。刘侵霄已经脱离了战俘营，再回战俘营与战友见面相当于第二次被俘，日军知道了必死无疑。李一夫还是战俘身份，只有外出干活被日军押着才能出大门。要营救他出去，还得寻找机会。李树德是工程队队长，陈财表示可以带其出一次门，但也需要找个借口。

因为刚收了部队送来的骡子和钱财，陈财开始很积极，他带着刘侵霄在太原城内转悠，挑来选去，终于找到一个既能做买卖又能做情报站的房子和铺面，并以很低的价格定了下来。于是陈财催刘侵霄和上级联系，尽快派人带钱过来，马上开张做生意。而刘侵霄则催陈财尽快安排他同李树德见面，尽快为其办理一个“良民证”。

终于在一天下午，陈财为李树德办了一个出入战俘营大门的木牌，带着他回家同刘侵霄见面。战友重逢，分外高兴，握在一起的手久久不愿分开。刘侵霄向李树德传达了晋绥军区的指示，肯定了李树德被俘后的工作，要求其继续潜伏在太原做地下工作。李树德受李一夫的直接领导，继续搞好秘密支部的建设工作，做好营救工作。一旦被日军释放，要设法打入敌伪的首脑机关，争取掌握部队，掌握武装，以备将来之用。

刘侵霄同时让李树德向李一夫传达上级的指示，要求李一夫设法出狱，同陈财合作做买卖，以经营小商店为掩护建立秘密联络站。

听完刘侵霄的传达，李树德也打消了马上回到部队的念头，接受了组织安排。随后他俩又谈了战俘营和秘密支部的情况，谈了对陈财的看法。刘侵霄认为陈财迟迟不给他办良民证，不安排他同李树德见面，可能是对他们不放心，或有所戒备。不给刘侵霄办良民证，刘就不能独自出去活动，要出去就必须陈财跟着，这等于把刘侵霄控制在陈财的眼皮子底下。两人分析了这些情况，都认为要独立活动就要摆脱陈财的控制。天快黑了，李树德便拿着出入战俘营的门牌回去了。

李树德回到战俘营，向李一夫等秘密支部的同志们传达了上级的指示，大家像吃了定心丸一样，都感到前途有望了，工作目标也明确了。李一夫也琢磨着如何走出去开商店、办情报站的事情。而独自留守的刘侵霄还是很无聊、很无奈，每天陈财去上班时，他只能在家看看书，同陈财老婆聊聊天，虽然可以对其讲讲抗日的道理，让其给陈财吹点枕头风，但建立秘密联络站的事没有进展，怎能不着急。他催促陈财加快办理良民证，但陈财提出一个一个地办太麻烦，并问刘侵霄："你们送钱的人什么时候来？"刘侵霄只好说："我写了一封信，你交给李成牛，我们的人会收到的。"

改天，陈财上班走后，李树德拿着出入大门的木牌独自来了，他向刘侵霄介绍了战俘营的情况。谈到陈财时，李树德说："你走之后，陈财的烟瘾更大了，要钱要得更频繁了。尽管我每次都找借口尽量少给，尽量拖他，但挡不住他总来磨，抽大烟的人真是没脸没皮。"

刘侵霄接着说："这也是我所担心的，抽大烟的人不光是没脸没皮，而且毫无信用可言。以前我们为了营救战友，迎合他、笼络他，给他点钱让他抽烟，他反而得寸进尺，变得唯利是图、不讲诚信。今后还怎么同他合作！他如果长期抽大烟，难免不被鬼子发现，日本人饶不了他，咱们也要受牵连。"

李树德也有同感，"是啊！同这种人合作，一定要小心。"

刘侵霄："人一旦沾上烟瘾，其行为就很难预测，如果发展下去就可能六亲不认。这样的人只能利用，不可倚重。防人之心不可无啊！"

李树德："有一夫同志在就好，他年龄大、有经验，看事情比我们透彻。"

刘侵霄："你回去把我们对陈财的想法告诉一夫同志，听听他的意见。里面的事进展得差不多时，让他也早些出来，外面的工作需要他。"

看看时间不早了，李树德便告辞回到战俘营。下午，陈财回来了，他告诉刘侵霄："你写的信我交给李成牛了，你们上级什么时间能回话，什么时间派人带钱过来？"

刘侵霄："那不一定，要看交通往来的时间。你放心，我们答应的事就一定能办到。"

随着时间一天天过去，陈财对刘侵霄越来越冷淡，每天下班回来不说一句话，既不谈战俘营的事，不提经商的事，也不带刘侵霄出去了。刘侵霄觉得不能再在这里住了，可是没有良民证又出不了太原城门。于是，刘侵霄找陈财商量："'家里'可能出问题了，不然不会这么长时间不来信，与其这么等下去，不如回去请示。我想回去一趟。"

陈财马上同意了刘侵霄的想法，说找机会送他出太原。

刘侵霄又说："我们合作搞的这个小商店，上级决定由李山（李一夫）来负责经营，他在商业方面有些经验，如果他能和我一起回去，和上级面谈，能使上级下决心更快一些。"

陈财马上应道："那样更好，我考虑考虑，看用什么办法把他弄出来，你们一起回去催促上级更好一些。"

第二天，李树德急匆匆地来找刘侵霄，不等刘开口就忙说道："李一夫同志过两天就出来，你们外面的工作就可以开展了。只是秘密支部就剩下我一个人了，我认识的八路军同志又不多，恐怕连个支部都建不起来了，工作怎么开展？"

刘侵霄安慰了李树德几句，谈了陈财的变化，也谈了回部队汇报的想法。李树德听后更加感到孤独，流着眼泪说道："你们回去了，要把这里的实际情况向上级讲一讲，问问我什么时候可以回去？你们可不能不管我啊！千万要和我联系啊！"

最后分手时，李树德回头望了好几次，心中难过着，这次分手不知何时能再见面。

又过了两天，陈财在中午下班时把李一夫领回了家，让小姨子在估衣店给李一夫买了身旧衣服换上，把他从战俘营穿出来的衣服一把火烧掉。接着，陈财便送他们出了城。临分手时，他还叮嘱李一夫和刘侵霄早点来信，早点带钱过来。

他俩人出城后，先来到交通员李成牛家。李成牛的家人急忙烧火做饭，他俩休息到天快黑时，吃了一顿饱饭然后上路。因为是两个人，刘侵霄又走过一次，所以这次回家很顺利。第三天就回到八分区驻地。他俩向八分区和晋绥军区做了汇报。军区领导明确指出，太原战俘营和太原情报站的工作以后由晋绥军区敌工部直接负责，八分区不再介入，刘侵霄和李一夫回到原部队工作。

刘侵霄和李一夫回部队后，李树德更加孤独，他没有再重建秘密支部，只凭着自己的党性继续工作，他继续占领着卫兵班、炊事班两个阵地，做着保护战友、营救同志的工作。

李树德的行动终于引起日军和汉奸的注意，一个汉奸在调往北平后，向日军密告李树德有问题，其经常和八路军战俘接触。密告信很快转到太原战俘营的日军总部，虽然经过陈财的帮助，李树德当面对举报进行了批驳，应付了过去，但他的身份随时都有暴露的可能。可是，根据地党组织不希望他马上回部队，而决定让他利用现有身份到伪政权里继续为党工作。

开始的一段时间，李树德还能经常见到李成牛来淘粪，也捎来过两封信。后来淘粪的换了别人，再也看不到李成牛了。他向陈财询问李成牛消失的原因，陈财告诉他李成牛出事了。原来李成牛因给根据地运送物资被日本人抓了，他家的房子也被日本人烧了，他母亲还被日军刺了一刀，几乎丧命。

交通员李成牛被抓了，李树德同根据地的联系中断了，办小商店和建联络站的计划也都夭折了，李树德的身份还有随时暴露的可能。于是，李树德在把其他支部成员都送出去后，按战俘营的规矩，在陈财的帮助下向战俘营的日军提出要求，继而被推荐到伪政权任职，继续潜伏在太原做地下工作。

李树德是1942年3月离开的战俘营，战俘营的秘密党支部从此也停止了活动。这对于李树德来说是一种解脱，但对战俘营的八路军战俘来说却是一个损失。他们少了一个通风报信的工程队队长，少了一个可以信赖的保护伞。1942 年 5 月太行“扫荡”后，大批八路军战俘被押进太原战俘营，因为工程队队长已不是共产党人，八路军战俘遭到了灭顶之灾，也出现了开篇记述的日军用八路军战俘做新兵刺杀训练活靶、两次残杀 340 名八路军战俘的悲惨事件。

七、太行区来的八路战俘

1. 日军的“C 号作战”

解决了中条山的国民党军后，日军开始对付华北的八路军。在日军华北方面军司令官冈村宁次的指挥下，华北方面军 1942 年的“扫荡”作战规模远远超过了 1941 年，1 000—10 000 人次兵力的“扫荡”达 62 次，10 000 人次以上兵力的“扫荡”达 15 次。特别是 1942 年春夏，日军对八路军冀东、冀西、冀南、冀中、太行几个根据地的“铁壁合围、拉网扫荡”，使共产党领导的八路军遭到了惨重损失，数十万抗日军民被俘、被捕、被杀害。对太行区的“扫荡”作战，主要是日军驻山西的第一军进行的。

太行区是一二九师创建的根据地，八路军总部和北方局机关也驻扎在那里。日军在对太行区的春季“扫荡”失败后，5 月初又下达了“C 号作战”命令，开始了夏季“扫荡”，目的是摧毁八路军总部和一二九师主力。冈村宁次从北平南下保定、石家庄，就近指挥华北各地的作战，日军第一军司令官岩松义雄由太原赶到晋东南重镇潞安府（今长治），坐镇前线指挥太行作战。

5 月 17 日，日军在调动 3 个师团共计约30 000的兵力对太行根据地“铁壁合围”的同时，还抽调 200 多个日本兵，经特殊训练组成两支特别挺进队，化装深入根据地，捕捉八路军首脑。日军首先对太行根据地辽县（今左权县）进行大规模“扫荡”。当时在辽县的有八路军总司令部、总后勤部、北方局、太行行署等重要机关，一二九师司令部也在这一带活动。日寇横穿太行山，妄图一举围歼八路军总部和各首脑机关。而当时一二九师的主力部队都在山西南部作战，八路军总部身边只有三八六旅的七六九团一个团。同时还有一支由朝鲜义勇军组织起来的抗日队伍 100 多人。敌我力量悬殊。

5 月 24 日夜，日军完成了对八路军总部和北方局驻地的包围；25 日，敌人在飞机的支援下发起攻击。情况十分危机，八路军副总司令彭德怀、副参谋长左权、野战政治部主任罗瑞卿、后勤部部长杨立山等召开紧急会议，决定分成三个纵队，同时向三个方向突围。彭德怀、左权率八路军司令部和北方局机关为一纵队，沿漳河以东由南向北突围。敌人的炮火很猛烈，各突击纵队几乎都采用重火力开路，把敌人的合围圈撕开一个缺口，硬打硬冲。当时朱德总司令不在总部，彭德怀就是最高指挥官，考虑到彭德怀的安危，左权让总部警卫连掩护彭德怀跟主力团先突围，但彭德怀坐在马背上就是不走。情急之下，左权命令警卫连长唐万成：“连人带马给我推！”被感动之下，彭德怀才在警卫战士的掩护下，率领野战部队先行。左权一边指挥大队作战，一边关照着各个机关和北方党校的学员们。

经过一场血战，有战斗力的机关部门和野战部队都突围出去了，没有战斗力的后勤机关和党校学员大部分被敌人包围。由于战斗的惨烈，八路军总部和北方局在突围中牺牲了不少优秀将领和高级干部，也有一些高级干部不幸被俘。牺牲的最高将领是八路军总部副参谋长左权，被俘干部级别最高的是北方局统战部部长兼八路军前方军委秘书长张友清。而北方局青年工作委员会巡视团的冯振禄经历了这次战役，见证了张友清从被俘到牺牲的全过程。

图3　左权，湖南醴陵人，八路军副参谋长、八路军前方总部参谋长。太行反"扫荡"作战指挥部队突围时，被敌人的弹片击中，是抗日战争中八路军牺牲的最高职务的军事指挥员

2. 从武安转移到太原

冯振禄，河北省赞皇县人，1937 年参加革命，1941 年到北方局青年干部训练部学习，并被留在青年工作委员会巡视团工作。1942 年 5 月日军“扫荡”时，他正在北方局机关。机关干部多数没有武器，只有一个通讯排配备有轻武器。

这支队伍中男女老少都有，从辽县撤退时，开始几天走得还算顺利，但后来敌人的飞机便跟上了他们，而且飞得很低，日伪军队也向他们围拢过来。5 月 24 日宿营时，他们连山下日军的太阳旗都能够看到了。到 25 日天亮时，敌人只是集结兵力，并没有围攻，他们于是继续转移。到了上午 9 点多，他们走进了一条山沟，首长命令部队隐蔽休息，抓紧时间做饭。饭还没煮熟，就见彭德怀总司令带着几名警卫员急匆匆走过，一边走一边喊：“一营在前，二营、三营在后，马上出发！”冯振禄和战友们每人盛了一小碗饭，跟着队伍边走边吃。很快前面的警卫部队就跟敌人交上了火。当时部队处在一条很窄的山沟里，四周都是树丛，他们被包围了。接着就有四五架飞机俯冲来，往人群中肆意投下炸弹，队伍一下子乱起来，人们开始爬山，分散突围。

冲在前面的彭德怀、滕代远、罗瑞卿等首长带着警卫队首先冲出敌人的包围圈。冯振禄等人爬到山上时，发现敌人已经围上来了，他们便往山沟里奔去。敌人冲到山顶后，架起机枪向山沟里扫射，人们纷纷寻找隐蔽处躲了起来。冯振禄跑到半山腰中一个被雨水冲出来的沟里，贴着石头藏起来。过了一会儿听到下面有说话声，他知道这条沟下有自己的同志，便顺着山沟滑下来，一看是北方局的秘书长张友清和他的两名警卫员。

张友清是山西人，中国共产党的早期党员，在蒋介石发动“四一二”反革命政变时，他和一批共产党骨干被关押在北平的草岚子监狱。全面抗战爆发后，他被党中央营救，回到了北方局，任北方局和八路军前方总部的秘书长，并协助彭德怀总司令处理部队和北方局的领导工作。5 月反“扫荡”前，张友清的身体就不太好，北方局主要负责人杨尚昆劝他回延安休息，但考虑到前方工作繁忙紧张，他决定继续留守阵地坚持战斗。反“扫荡”作战开始后，他一直带病工作。

情况非常危急，张友清却非常冷静，他对大家说：“现在摆在我们面前有三种前途：第一，非常简单，被敌人打死；第二，等到天黑以后找机会出去，但现在看这种可能性不是很大；第三，要有被敌人抓住的准备。所以你们认真检查一下，将所有的文件、文具等凡是能证明干部身份的东西全部扔掉，不留任何证据。”

于是大家便把随身携带的东西能扔的全扔了，张友清脱下了军装，换上了一件藏青色礼服呢的小皮袄，戴着一副近视眼镜。就在这时，太岳军区政治部巡视团长孙雨亭也走了过来。

孙雨亭是山西夏县人，1927 年入党，曾担任太岳三分区政委，1941 年参加太岳南进支队，负责开辟岳南和中条山地区的抗日战场。1942 年来到山西辽县北方局党校参加第五期集训时，遭遇日本对太行区的“扫荡”。5 月 24 日下午，北方局党校接到日军“扫荡”的通知，党校教务主任杨献珍立即召开紧急会议。由于党校没有自卫能力，不能单独行动，上级决定党校学员要尽快赶上八路军总部，同总部一起行动。作为学员队的支部书记，孙雨亭先把行动不便的女学员就地进行了安置，然后开始追赶总部机关。

经过一夜的急行军，25 日拂晓，他们赶上了总部。刚停下来休息就听见密集的机枪声，紧接着敌机在他们上空不断盘旋，投下炸弹。这时八路军总部副参谋长左权向他们走过来，大声喊道：“敌人已经围上来，快往山上走!”左权一边带头向山上冲，一边指挥部队突围。（注：就在这天指挥十字岭突围的战斗中，左权英勇牺牲，为了纪念他，政府后来决定把辽县改为左权县。）

学校不是武装部队，杨献珍是党校的领导，不是军事指挥官，学员中虽有好几个司令员，但没有武器，也没有部队，无法组织抵抗。在激烈的枪声和敌机的袭击下，大家只能各自寻路，分散突围。杨献珍同志年纪大，走不动，由太行区三分区的酿明德背着逃出了敌人包围圈。孙雨亭同几个学员翻越了一个山头又一个山头，直到下午也没有冲出敌人的包围圈。天渐渐黑了，他们才爬到半山上。从夜里到白天，从白天又到傍晚，连续行走十几个小时，人人都极度疲惫，坐下就睡着了。敌人又在山头上打枪，炮火声把他们惊醒了，才发现敌人已截断了他们的出路，所有人连忙从山腰向山沟里撤退。这时，他们迎面碰上了中共中央北方局统战部长、前方军委秘书长张友清和他的警卫员、勤务员。孙雨亭急忙问张友清：“部队到哪里去了，我们该往什么方向走?”张友清说：“现在什么也弄不清楚，只能跟着大家走吧!”他们沿着山沟走了一段，前面的战友返回来说：“沟口被敌人封锁，出不去。”山头有敌人，沟口又出不去，他们处于敌人的四面包围之中。这时枪声停了，敌人开始搜山。看到大家都很累，张友清便对大家说：“现在出是出不去了，你们支持不住，就睡一会儿吧!”

没过多久，随着一阵叫喊声，几把刺刀逼了过来，他们被捕了。敌人问孙雨亭是干什么的，孙雨亭回答道“马夫”，又问张友清“什么的干活”，张友清回答“会计”。敌人顺手抢走了他戴着的眼镜，搜去了他身上的钞票，就没有再问什么。

天黑时，战俘们被押出沟口。敌人让战俘们解开裹腿，捆住双手。由于绳子不够多，只能两个人捆在一起。在敌人捆手的时候，冯振禄有意把双手撑起来一些，所以没绑紧。等天黑的时候，他又在途中活动活动，手便拿了出来。当时正赶上阴天，周围一片漆黑，他摸了摸身边张友清的手小声问：“紧不紧?”张友清说：“还行，要找机会跑。”但没想到天公不作美，一会儿天就晴了，月亮出来了。望着虎视眈眈的日伪看守，他们暗暗叫苦，估计这次是跑不了了。

敌人的临时据点设在村外野地里，由武装力量巡逻看管。趁敌人不注意，孙雨亭慢慢挪近张友清，悄悄对他说："敌人可能会审讯，我们得准备口供。"并告诉张，他方才的口供中说自己是驮粮的"马夫"李成才，张友清于是决定将在山沟里说的"会计"改为"马夫班长"，自称吴乃人。为了让大家保守部队秘密，不让敌人得到真实情况，孙雨亭有意地在大家中间自言自语道："我们是中国人！""我们是八路军！"借以提醒大家决不能对敌人透露真情，决不能丧失八路军的气节。

敌人把这个山沟里的被俘人员都赶了出来，有200多人，顺着河沟向河北武安县城走去。到阳邑镇时，天还没亮。日军用大卡车把他们拉到武安县监狱。在这被关押的四五天里，每天都会被押进一些新的被俘人员，到后来人满得连躺的地方都没了，晚上只好坐在地上睡觉，腿都伸不开。

日军把战俘们一个个叫进审讯室，进行单独审讯。日军的审问，目的是了解八路军的去向和仓库、工厂所在地。审问戒备森严，审讯的屋子布置得像正式法庭，上面坐着两个日本军官，旁边立着一个翻译官，两边各站着五个持枪的日本士兵。但八路军战俘并不在意，知道敌人只不过是摆个架势吓人而已。审问的内容是：姓名、年龄、籍贯、文化程度、参加八路军时间等，重点追问的内容为是否为当官的，是否为共产党员。敌人一个一个地进行审问，只要没有破绽就过去了。战俘们按照事先编的假名字、假经历，一一做了回答，冯振录自称是八路军合作社的小伙计，名叫马二牛；孙雨亭称自己是马夫，名叫李成才。日军不相信孙雨亭是马夫，所以问来问去不肯罢休。尽管他们用刺刀来威逼，孙雨亭一口咬定自己就是“马夫”，敌人也无可奈何。

从这次正式审问后，张友清、孙雨亭感到异国民族的敌人与国民党不同，他们不了解中国的国情、风俗习惯，语言又不通，尽管十分狡猾，也显得十分愚蠢，从而更加坚定他们同敌人斗争的信心。在敌人审问的时候，只要自己沉住气，不要心虚自己的口供是假的，不碰到叛徒出卖，敌人也没有多少办法，顶多就是受些皮肉之苦。翻译官十分重要，只要不是死心塌地的汉奸，有时还能为战俘做些解释，给战俘一点帮助和保护。

因为对太行围剿作战是由日本驻山西的第一军指挥进行的，所以这批战俘在武安县监狱关了一个星期后，敌人又把他们几个人捆在一条绳上赶上汽车，架着机枪押到邯郸换乘闷罐车，从邯郸坐火车到石家庄，再沿正太铁路西行押送到太原，关进太原战俘营。

3. 战俘营里的中共高干

1942 年 6 月 5 日，孙雨亭这批战俘被押进太原战俘营，第二天，敌人就对他们进行了审讯。审讯后，敌人给他们每个人胸前戴上一块标明“丙”字号的长方形白布块，口供是“干部的”就标上“官”字号，与一般俘虏加以区别。人们后来才弄清楚，“工程队”当时是按甲、乙、丙、丁……编号的，每个字是1 000人。

他们进战俘营时，日军仍采用“俘虏管俘虏”的办法，把被俘人员分别按八路军、中央军、晋绥军和抗日民众编成班队。日军从国民党军官中挑出三名人员担任队长、副队长，组成战俘队部。队部下设三个班，班里的人员由队长与副队长指定，一是卫兵班，班长一人，副班长两人，卫兵若干人，手拿木棒对关押人员进行管理，他们在里边可以自由活动；二是杂务班，负责战俘的伙食和其他杂务事情；三是卫生班，有护士、医生，但没有药品，主要是对病人实行隔离任务。

这批战俘进来后，住的是破漏的大房子，吃的是掺有沙子的陈米，每天只给两顿饭，根本吃不饱。用水靠汽车拉，水资源非常稀缺，喝的都供不上，更谈不到洗脸洗手了。大家渴得受不了时，就在下雨时用捡来的罐头盒接雨水喝。伙夫挑水做饭时，往往因人们会在途中抢水喝而将水挑不到伙房，因此，一个伙夫挑水时还要另派一个伙夫拿着木棒来保护。战俘营里被关押人员大小便都只能在院子里，开始时由汾河以西的老百姓来淘粪，后因汾河涨水，河西的人过不来，粪也没人淘，粪坑很快就满了，下雨时粪便冲得满院子都是，甚至发生过有人掉到粪坑中被淹死的事件。因为是在夏季，天气炎热，苍蝇、蚊子、蛆四处横行，恶劣的卫生条件加快了传染病的流行。

国民党军的被俘人员不隐瞒身份，官就是官，但八路军的干部则多数隐瞒了身份。正因为他们没有暴露真实身份，所以进战俘营后和普通八路军战俘同样的待遇。张友清曾在北方局党校讲过课，总部机关很多官兵都认识他，也很尊重他。所以到战俘营后，许多认识他的战俘都想方设法保护他，不让敌人了解他的真实身份。作为党的高级干部，他知道自己的一举一动都会影响大家的斗争决心和反抗精神。尽管他的身体不好，胃有毛病，体质也弱，到战俘营后很快就垮了下来，并得了传染病痢疾，但他从不流露一点悲观情绪。还给大家介绍两次被国民党抓捕、两次坐牢的体会和经验，给大家以力量和信心。私下里，他还秘密地找部队党员干部谈话，筹划建立党组织，领导大家开展斗争。

为了便于组织活动，并能照顾到张友清，孙雨亭等人把铺位换到与其紧挨着的位置，战俘中有什么事大家可以随时进行交谈。一次他俩谈到战俘情绪问题，孙雨亭对张友清说："现在不少人成天唉声叹气，悲观失望；有些同志激愤落泪，感到没有办法；有的同志认为我们是八路军，与其这样每天受敌人的辱骂折磨等死，不如趁集合点名时当场痛斥敌人，慷慨牺牲。"

张友清却说："慷慨牺牲容易，忍受折磨、做埋头英雄才是最难的啊！"

孙雨亭道："是这样，要做工作，现在应把同志们组织起来，领导大家同敌人进行斗争。"

张友清结合当年被国民党关押在北平草岚子监狱的情况，介绍了狱中的斗争经历和经验，耐心地说道："要建立组织，但不能急，要进一步了解、考察。当前先与我们认识的同志联系，互相鼓励，悲观情绪或急躁情绪都要注意，要鼓励大家坚持下去，争取回到部队。"

经过这次谈话，孙雨亭对党的隐蔽政策有了进一步的理解，对团结难友坚持斗争、争取回到部队更加有了信心。

刚进战俘营那天，孙雨亭看到有个拿木棒的人在战俘中间走来走去，问这问那。孙雨亭住下后，见其仍然时常找人谈这谈那，特别是经常找张友清来问话。当时，孙雨亭认为此人是为敌人了解情况的，对其很警惕。不久，战俘营又押来了一批八路军被俘人员，其中有孙雨亭在党校的同学陈捷。陈捷是南方人，随红军长征到延安，抗战暴发后担任一二〇师战斗剧社社长。从陈捷口中，孙雨亭了解到那个拿木棒的人是卫兵班长，名为张冶，原是一二〇师战斗剧社的导演，后来担任三五八旅战火剧社的社长，1942 年 2 月日军对晋西北“扫荡”时，他同几个小演员一块儿被俘。

此时，工程队队长武兆元是国民党九十八军军长武士敏的警卫营长，还有一个姓孙的副队长，是国民党军的电台台长，两个人都是张冶的河北老乡。武和孙为了在生活上照顾张冶，就让他当了卫兵班长。张冶同志当了卫兵班长后，利用自己的身份，设法照顾表现好的人，整治那些向敌人献媚的分子。有一次，他打了一个表现不好的人，被站岗的皇协军报告给了日本人。敌人追问他是不是共产党，最后由队长武兆元做了担保，叫人应付地打了张冶二十棍子了事。

陈捷向孙雨亭介绍了这些情况后，孙雨亭要陈捷和张冶同志认真谈谈，要张冶利用自己的特殊身份做些工作，尽量照顾被俘的同志。陈捷与张冶面谈后，张冶十分高兴，感到自己不孤独了。他估计“那个老汉”（指张友清）一定是位重要的领导干部，因此，在生活上尽量给予其照顾，经常送水送烟送米粥。张友清对他以同志相待，经常谈心交换一些看法。

通过张友清的介绍，孙雨亭认识了北方局青年委员会的彭梦庾，张友清的警卫员黄新发、勤务员小刘，总政保卫部部长杨奇清的警卫员石海生，总政组织干事张仁山，党校学员李岫云、葛英，五十七团政委郭守真，党校教育科科长罗鸿章，总部机要科科长赵培宪，晋察冀政府保安处处长王景垣等，与他们建立了党的联系，互相鼓励，互相帮助。李岫云、葛英两位女同志还悄悄给张友清和孙雨亭送白面馒头吃。石海生、黄新发等经常用日本兵丢掉的罐头盒把抢来的水给孙雨亭喝，孙雨亭一再让他们自己先喝，他们却舍不得喝，只是在干裂的嘴唇上抿一下就递给孙雨亭。

经过一段时间的观察，孙雨亭认为张冶是可以信赖的，于是和彭梦庚等人商量，由孙雨亭向张冶说明张友清身份，让其想办法照顾，设法弄药为张友清治病。

张冶选择了被日军挑去伺候工程队少尉队长的两个小演员，指挥他们通过自己的关系去弄药。这两个只有十几岁的小八路勇敢地对张冶说："现在还是像战斗剧社时那样，你是我们的领导，你让我们干什么，我们就干什么。"张冶说了药名，两个小战士趁日本兵让他们买烟的机会弄来一些钱，托人在外面买来药。

所谓的狱中医院，只是为了避免疾病传染而设立的，有病的人一旦被送进去隔离后，就是等死。张冶采取各种办法掩护张友清，不让敌人发现他有病以免送其去隔离区。出操跑步，就让他躲起来；集合点名，就让他站在最后一排，由身边的同志夹着立起，敌人一走，就把他送回铺上。张冶还找各种借口，让伙房做面条、拌汤，悄悄送给张友清吃。

大家虽然尽力照顾张友清，但他的病情仍不见好转。他怕影响大家的情绪，当同志们问起他的病情时，他总是说："不要紧，我感到比昨天好些。"有时他望望阴沉的天说："我有关节炎，天气不好，关节就有点疼。"张友清那种坚忍不拔、英勇顽强、置生死于度外的革命精神，给了难友们强大的信心和力量。

在炎热的天气里，战俘营每天照例会全体集合，点号码查人数，还要集合站队到操场跑步。有的战俘受不住了当场晕倒，甚至死去。张友清虽然有病，也常常被赶出牢房到操场上跑步。在紧急集合、跑步时大家也暗中扶他一把，以便让他跟上队伍。但到后来，他因为病情加重，身体极度虚弱，终于支持不住了。一次跑步时，张友清跑着跑着就跟不上了，脚步越来越慢，喘气声越来越急促，很快他被队伍落下了，几乎与此同时，后面就有一把大铁锨狠狠朝他的头部猛拍过来，"嘭"的一声，他重重地扑倒在地上。解散后，大家把他扶到房里。当天晚上他的病情越来越重，生命垂危中，他还同孙雨亭探讨了在战俘营建立秘密党支部的事情。

孙雨亭向张友清介绍了共产党员在战俘中的活动情况，并汇报说："这段时间的观察考验了一些同志，我们认识的同志表现都是好的，张冶和彭梦庚同志是可以信赖的，再过一定时候就可以建立支部了。”

张友清闭着眼睛，微微点了一下头。当孙雨亭谈到支部建立后的任务时，张友清用微弱的声音说：“要坚持斗争……坚持……坚持。”说到第三个坚持时，就停止了呼吸。他的警卫员黄新发和身边的难友都失声痛哭。孙雨亭怕引起敌人的注意，给大家带来麻烦，劝大家强忍悲痛，并和张冶等人先把张友清送到隔离室，然后在敌人的枪刺下抬出战俘营，亲手埋到太原城的东墙根下。

张友清是中国共产党和八路军在抗日战争时期作战被俘后顽强不屈、牺牲在日军战俘营内的职务最高的干部，他崇高的民族气节和顽强的斗争精神鼓舞了战俘营的难友，也鼓舞着革命的后来者。

4. 对“红皮白心”的教化

全面抗战爆发后，虽说中国社会各阶级、各阶层、各党派都在讲抗战，但抗战的态度和决心却大不一样。同样，日本政府及军队也对中国各党派、各军队采取了不同的态度。阎锡山在山西经营多年，是山西的土皇帝，又到日本留过学，在侵华日军中有一批同学故友，所以，对日军的态度比较暧昧，既有抵御外敌、要求抗日的一面，又有保存实力、妥协退让的一面。因此，日军对阎锡山一直采取软硬兼施的策略。在太原战俘营也是这样，为了拉拢阎系晋绥军，争取蒋系中央军，在战俘营对战俘采取的态度也不同：对八路军战俘严酷，对中央军战俘一般，对晋绥军战俘宽大。日军在战俘营“以俘治俘”，也多是重用、利用晋绥军与中央军战俘管理八路军战俘。除在战俘营选拔一批晋绥军和中央军战俘到伪政权中任职外，还整批地把晋绥军和中央军战俘及归降人员调出去编成“剿共军”、皇协军、保安队、警备队，为日伪统治服务。

1942 年 7 月 10 日，阎锡山晋绥军骑兵一师和骑兵四师在驻地被日军包围，苦战一天无法突围。为保存实力，骑兵一师师长赵瑞和骑兵四师师长杨诚与日军谈判，率部队缴械投降。师团干部被送到教场巷路西的一个公馆，两个师的俘虏则被押进太原战俘营。由于战俘营已经满员而住不下，只待了一天就被拉出去改编成山西剿共军，两个师5 000人的编制都是从战俘营里挑出来的晋绥军和中央军战俘。

而对八路军战俘，正如本章开头所讲的，不是拉出去供日军新兵训练当“活肉靶子”，就是送到日军的细菌部队供他们进行细菌试验和“活体解剖”。战俘们即使被外送充作劳工，生活条件也非常恶劣。尽管日军对共产党八路军战俘极端仇视，但也没有放弃瓦解和分化工作。

张友清病故不久，卫兵班班长张冶从工程队队长武兆元那里听到，日军要挑选一批口供中是山西、河北，年龄 30 岁左右，入伍时间不长的新八路，到新成立的“山西特殊教化队”去受训。孙雨亭听到后，认为形势严峻，便同彭梦庚、张冶研究决定，一到教化队就把党支部建立起来，领导战俘开展反教化斗争。

7 月 23 日，日军把关押在工程队的1 000多名八路军战俘集合起来，从中选了500多人转到教化队，孙雨亭、彭梦庚、张冶均被选上。7月25日，他们被押到太原城北门外亨堂村营盘的教化队。这里周围全是铁丝网，建有瞭望哨棚，由日军和警备队各一个小队昼夜巡逻看守。

教化队设有指导部，由日军上尉泉馆负责，日军少尉川田力和一名曹长协助，并由曾在中国经商的日本人串田担任翻译官。教化队仍采取“以俘治俘”的办法，全队编为一个大队、三个小队。大队部下设杂务班、卫兵班、卫生班，分别负责管理伙食杂务、俘虏劳动、看病护理等。大队长是王治平，一小队长是郭绍堂，二小队长是牛永清，三小队长是崔云。他们都是由日本翻译官指定的，从工程队“官”字号挑选来的值得“信任”的人。

从工程队被征选到教化队的被俘党员，一进教化队就把支部建了起来，孙雨亭、彭梦庚、张冶被选为支部委员，孙雨亭为支部书记。原来工程队联系的党员有蔡恩光、黄新发、小刘、张仁山、石海生、魏颖贤等19人，用单线联系的办法进行活动。

支部认为，大小队长的态度如何，是同日军斗争的关键，因此，必须做好争取这几个队长的工作。张冶在“工程队”当卫兵班班长时就认识这几个人，他与崔云都是搞文艺工作的，关系较好。通过崔云的关系，队部指定张冶当杂务班长，蔡恩光任卫兵。这样，他们两人就与大小队长有了联系。

几天后，敌人举行了“开学典礼”，日军山西派遣司令部花谷少将到场讲话，一开始他便给教化队和八路军学员定下了调子："你们是新八路，是红萝卜，红皮白心，良心大大的好，过去受了八路军的骗，从今天起，你们就是学生了，不是俘虏了，要好好学习，三个月毕业。毕业后，愿回家的回家，还可以当官做事，我们的官是大大的有。"

出于政治上的需要，日军在开始的一段时间里把教化队的日常生活搞得比工程队好，战俘们可以吃饱，有时还能吃上白面馍和肉菜。上课训练也不随意打骂，好像真是"学员"，而不是俘虏了。日军这套怀柔手段有很大的欺骗性，不少战俘的思想产生了混乱，有的还对敌人产生了幻想。

根据这一情况，秘密支部经讨论确定了支部的指导思想和工作方针——坚持隐蔽政策，坚持党的立场，绝不暴露党和军队的秘密，用交朋友的方式团结教育群众，揭露敌人的各种欺骗手段，打破一切幻想，争取早日回到部队。同时，研究了张冶、蔡恩光等人对几个队长进行争取工作的方法，并布置党员用各种形式与群众接触，了解群众，教育群众，团结群众，提醒大家不要丧失警惕，不要对敌人抱有任何幻想，不要在敌人面前表现自己，以免引起敌人的注意。

一开始，敌人很重视上课"训练"，由日本上尉亲自讲课。他讲日语，由翻译官翻译，主要内容是宣扬日本如何强大，如日本是工业国，中国是农业国，日本帮助中国，中日应当共同携手建立大东亚新秩序；中日是同文同种，都是黄种人；中国是传统礼仪之邦，尊崇孔孟之道、二十四孝，应当对人友好，信奉王道乐土；等等。日军自认为很有效果，但实际上八路军战士都能识别这些论调，用不着去当面批判反驳。当时，秘密支部担心敌人讲课之后，通过询问、考试，从中发现可以利用的人。因此，秘密支部告诉大家要装傻，敌人提问时，根据自己所报的身份尽量应付，装作不知道，宁愿挨打也不出头表现。这样，每当日伪人员在课堂上发问，题目虽然简单，但问这个人答不上，问那个人也答不上。当然，也有极个别的人想利用问答时间来表现自己，秘密支部就会利用各种方式对其进行教育。

一段时间后，由于一直没弄出什么名堂，日本上尉也不来讲课了，改为新民会、伪省政府的人员来讲课。但日军只让他们在台上讲课，不让他们同战俘谈话接触。过了个把月，敌人又想出新花招，从队伍里挑出了100多名认识点字的人组成识字班专门上课。敌人用缩小范围、集中力量、重点培养的办法，企图找到他们可以教化利用的人。

针对这种情况，支部立即做了研究，要求被挑选人员继续采用装傻的办法来对付敌人。识字班翻译官串田原来在中国经商，虽会说中国话，但不了解中国国情，只会说些生活用语，有些话讲得半通不通，政治语言更不会讲。日军让他直接给战俘讲课，他还是老一套。讲完后还是提问，大家仍旧答不上来。他气急败坏地用木棒殴打战俘，骂“八路的头脑简单”“糊涂蛋”“成问题”等。当时，教化队里暗中流传着一句话，“装傻换来打，挨打换来傻，弄得敌人没办法”。敌人在识字班上也弄不出什么名堂，为了找点钱，就组织了一个编席组。秘密支部趁机动员识字班的人积极参加这一劳动，从而避免在政治思想上继续被纠缠。识字班搞了不到一个月，翻译官感到无多大用处，也不想来上课了，后来就让三小队长崔云教唱日本歌。这实际上是应付他们的上级。

5. 失败的教育感化

10 月的一天晚上，日本翻译官忽然找来几个队长和一些供词中有文化程度的人开座谈会，要他们每人写一篇辱骂共产党八路军的文章，或者是写自己的“感想”，然后拿出去登报、广播。秘密支部便向大家揭露了敌人让写文章的阴谋，要求大伙儿坚决不能主动去写，敌人指定要写的只好应付写，但绝不能骂共产党八路军。负责联系的党员按照这个原则对大家进行工作，张冶、蔡恩光做几个队长的工作。由于张冶在口供中自称戏剧教员，蔡恩光上报口供时自称文化教员，敌人指定他们必须写。秘密支部经商讨后决定：不写不行可以应付地写；写出后，要经联系的同志和支部审查；日后回到部队必须如实向组织交代，有错误由支部负责。张冶写的是感想，大意是“人生在世，孝顺父母当先，感谢日军教育，回到家中孝顺父母”，蔡恩光写的感想也经联系他的支委张冶审查过了。这件事情就这样应付过去了，没有出任何问题。

串田翻译官具体管教化队，平时上尉队长很少来，只是过几天来走一圈，抖抖威风。串田需要讨好上级，总想主动搞点名堂，于是经常窜到学员中间，摆出没有架子的样子，找这个找那个，说说笑笑拉关系。秘密支部为了防止他建立内线关系，用“少说话、少麻烦、少挨打”来提醒大家。曾有一个战俘为了表现自己爱说话，反而被敌人追问得很凶，最后被狠狠毒打了一顿，秘密支部便以此事教育大家。对个别在敌人面前爱出风头、表现卑劣低下的人，形成大家都鄙视他、不理他的气氛，让这种人感到孤立。蔡恩光利用卫兵班班长的身份，也揍过个别表现坏的人。秘密支部还指派党员对日本翻译进行监视，观察他接触过谁，同谁说过话，谈了什么内容，从而关注一些表现特殊的人。支部号召的这些工作，使日本翻译官无法找到建立内线的对象和线索。说起来很可笑，这个家伙用偷听的办法想找到一些线索，有时会在夜间脱了皮鞋，光着脚板，悄悄躲在战俘的窗外偷听，但听到的都是一些无聊的闲话。秘密支部的真正活动，他是无法觉察的。

当知道日军急于获取八路军各军区、军分区的详细情况时，秘密支部立即通过党员向群众做工作，号召大家不能把真实情况告诉敌人。果然没多久，敌人就开始采用单个或几个同时提审的方式对战俘进行追问。有些人是真心不知道，答不上来；但多数人是宁死不说，不告诉敌人。气得翻译官只能要么打上战俘几耳光，要么骂上几句出出气。最后翻译官不得不对几个队长说：“参谋处要材料，我问不出来，还是你们弄一个材料交上去吧！”

日本翻译官试图通过几个队长来了解八路军战俘的情

况，于是秘密支部把团结几个队长作为开展斗争的重点。首先，他们利用张冶与崔云的个人关系，做崔云的工作。崔云向张冶暴露了在“教化队”当队长后回到部队难以向组织交代的思想包袱。张冶诚恳地对他说：“问题不在当队长，而在怎么当队长，只要能利用自己的关系尽可能照顾大家，回到部队是可以说清楚的。”崔云感到张冶非常了解自己，关心自己，真心为自己出了好主意，因此对张冶很信任，有什么事都找他商量。

崔云是个比较精干的人，在几个队长中很受翻译官器重，有事就爱找他。鉴于这个情况，秘密支部又通过崔云去做其他几个队长的工作。王冶平、郭绍堂原是国民党军官，参加八路军不久，重感情，讲江湖义气，他们虽是队长，也经常挨骂挨打，对日军的感情是仇恨的。张冶提出用“拜把子”的办法和这几个队长拉关系，并起草了“盟誓”，大意是：我们是中国人，不做对不起中国人的事，不给日本人诚心做事。有福同享，有难同当。后经支部审查同意，他们正式磕头拜把，宣读了盟誓，从此，张冶、蔡恩光同几个队长成了盟兄弟。

崔云在实践中感到张冶是一个有见识的人，因此很听张冶的话。支部也认为崔云可以信任，决定由张冶告诉崔云：教化队有党的组织，了解每个人在这里的表现，对崔云的这段表现是肯定的。崔云很感动，要求组织考验他，于是组织确定由张冶负责在党内培养他。教化队的几个队长实际上已经为秘密支部所掌握，支部因此也能及时知道敌人的一些举动。由于几个队长为秘密支部做了掩护，有时虽在活动中会出现一点破绽，也总能巧妙地应付过去。

为了防止敌人的破坏，秘密支部对表现不好的人和有叛变行为的人也做了一些工作。总后勤部有个指导员，原是大学生，他写的反动文章被伪政权登在《山西新民报》上。秘密支部知道后，决定通过崔云找其了解情况，并做工作。这个指导员说："我不是真心反共产党，主要是看了报纸上登的"斯大林格勒指日可下，莫斯科危在旦夕"的消息，感到苏联获胜不可能了，中国抗日也不可能取胜，写那篇文章，只想早点出去回家。"崔云指出，写文章骂八路军是错误的，肯定抗日不能胜利也是没有根据的。这个指导员说："我只是想早点出去找条活路，不会跟着敌人干，也不会出卖同志。"当其尚未离开教化队前，报纸上披露了斯大林格勒保卫战胜利的消息，他情绪低沉，表现不正常。秘密支部怕他出事，让崔云找他谈话，他说："我把形势估计错了，犯了罪，再不能回部队了。"崔云一面指出他的错误是严重的，同时又说："只要不再干对不起党和人民的事，回到部队再重新交代是有希望的。"他说："不管怎样，我不会出卖同志。"后来敌人把他弄到《山西新民报》当了编辑，但他始终没有出卖组织和同志。

秘密支部的成员从日伪报纸上看到原七七二团团长王德胜"归顺"日军，并向敌人汇报了八路军被俘的高级干部大部分在口供中隐蔽为"马夫、伙夫"，日军就让这个叛徒团长到教化队来认人。秘密支部认为敌人这招很毒辣，对党员干部是个威胁，必须研究对策、谨慎对待。有人提议，等他一来就整死他，丢到井里，但这样敌人就会追究，容易暴露组织。大家商议后决定由张冶、崔云等他来后先看情况再考虑办法。

第二天，这个叛徒团长果然来了，张冶安排他和大队长一起住。张冶首先对他说："报上登了你是七七二团团长，还是老红军呀、老革命呀！"

这么一讲，王德胜感到很难过，羞愧地说："我走错了路，后悔莫及，他们叫我到处认人，不认就打，逼得我要死。"

张冶通过闲谈不断地做他的工作，王德胜表示自己十分后悔。为了和他拉关系，张冶特意弄了几个好菜，请他吃饭，不料被日军曹长见了，气冲冲地问："什么的干活？"

张冶竖起了大拇指说："这个的，王太君！八路团长。"

这个曹长听了非常生气，大骂："什么的太君！"说着给了王德胜一个耳光，并大骂"八格牙鲁"，打得他很狼狈，只能忍气吞声。张冶这样做，既表示了对王的友好，又挑起了敌人对王的辱骂殴打，使王更加仇恨敌人。

一次，王德胜遇到本团的一个排长，便很难过地对他说："我走错了路，上级调我去学习，我不满意，离开了部队，今天落得这样下场，没有脸再做人了。"王德胜在教化队待了一个星期，没有给敌人干成什么事，敌人便把他带走了。后来听说他被敌人杀了，落了个可耻可悲的下场。

因为教化队有共产党秘密组织领导斗争，日军的教化目的难以实现，开始说每期3个月，但3个月到了，第一军司令部不同意结业，少尉指导官很不高兴，翻译官也借口有病住进了医院。从此课不上了，但苦役增加了，伙食很坏，生病死人也多了。太原的冬天是寒冷的，进入隆冬季节没有棉衣棉被，饭又吃不饱，要想过冬很艰难。不少人思想混乱，感到出去无望，日子难熬，悲观情绪日渐突出。秘密支部中负责联系工作的党员和骨干经过这段斗争的锻炼和考验，提高了应敌水平，在群众中交了不少朋友。秘密支部联系的党员由开始的19人扩大到33人，斗争立场比较坚定的有：傅明、杨延年、蔡恩光、王洪生、张昌、黄新发、王生才、张仁山、王景荣、魏颖贤、白廷琮、石海生、刘国贤、崔云等，这些同志都比较精干，有活动能力。教化队的几个队长基本上已为秘密支部掌握。

秘密支部利用张冶的杂务班班长身份，尽量把大家的伙食办得好些；杨延年以他的卫生员身份，给患病者尽可能好的照顾。同时，秘密支部在思想上抓紧党员和群众的教育工作，使大家坚信毛主席的论持久战，坚定抗战必胜的信心，要求党员以革命乐观主义的精神和实际行动来影响群众。外出做工时，他们还组织进行怠工斗争，装病、磨洋工、弄坏工具。出工的人数不断减少，由开始的200多人减到100多人，后来只有几十个人，迫使敌人不得不停止了苦工。

1943年1月，他们从翻译口中得到了第一期教化队要很快结束和举办第二期教化队的消息，秘密支部做了离开教化队的准备工作。首先要求大家出去后争取在太原做苦工，尽量不去皇协军；并明确在太原与党组织的联系代号为“化之”，地点在海子边，时间是星期天。同时，告诉党员同志支部领导的姓名和职务（支部书记孙雨亭，原太行三分区政委；支部成员彭梦庚，原北方局青委；支部成员张冶，原一二〇师三五八旅战火剧社社长）。但具体是哪个人，一般党员和群众并不知道。并嘱咐大家日后回到部队在进行审查时，要诚实向组织交代。对可能留在教化队的党员崔云、刘国贤则要求他们继续隐蔽下来，与下批来的党员取得联系，代号同样是“化之”。

1943 年 2 月 9 日，教化队举行了所谓“毕业”典礼，从工程队先后两批押来的 600 人，到“毕业”时幸存者只剩 350 多人。日军用 7 个多月时间进行的强行“教育感化”并没有达到他们的目的。事实说明，被俘的绝大多数同志立场是坚定的，表现是好的。

第一期教化队集训后，日军又办了第二期。第二期也是 600 人，时间也是半年，1943 年底宣告停办。教化队的战俘有的送回工程队，有的外送充作劳工，只有少数人被选送到伪政权机关和特务组织。

6. 冲出牢笼回部队

1943 年 2 月 9 日，孙雨亭等第一批集训队员离开工程队半年之后，又从教化队被押回工程队。工程队还是原来的样子，戒备森严，死气沉沉。1942 年 5 月“扫荡”时的八路军被俘人员大都不在了。日军知道有不少八路军高级干部被俘，但就是查不出来。除挑选一些年轻战俘进行教化外，日军还从中挑选了两批战俘为新兵训练充当活靶子。像本书开头记述的那样，这些生命被日军残忍地杀害了。

不几天，又有一批八路军被俘人员被押到工程队，孙雨亭、彭梦庚认识的有总政青年部部长张箴、干事李风标，决死纵队五十九团的马光裕、李生润等党员干部。相见后，他们分别询问了各自的被俘经历。新来的向早来的介绍了部队现下的作战情况和国内外形势，早来的向新来的介绍了工程队和教化队的情况。秘密支部也借机考察和发展了一批党员，壮大了支部的力量。张箴向先来的同志讲解了毛泽东在 1942 年 10 月写的《第二次世界大战的转折点》的社论，指导员马光裕几乎全文给大家背了一遍。当听到“明年也将不是日本法西斯的吉利年头，他将一天一天感到头痛，直到向它的墓门跨进”时，战俘们激动得几乎喊叫起来。

3 月间，秘密支部听说日军要将新进来的八路军被俘人员送到教化队，于是孙雨亭把教化队的斗争情况向张箴做了介绍，并决定这批人员到教化队后，由张箴任支部书记，用“化之”代号和教化队的崔云、刘国贤（某部电台台长）取得联系。后来，孙雨亭了解到教化队的新支部工作很活跃，并同太行八分区敌工科取得了联系，为其逃离魔窟、返回部队做出了贡献。

4 月初，日军从工程队挑选了 500 人押送到东北充作劳工，其中有原在教化队的 107 人。彭梦庚、张冶、王洪生等与支部有联系的 10 位同志也被选上了，孙雨亭却留下了。

因为挑选事发突然，支部没有来得及开会采取应变措施，只好临时碰面指定去东北的劳工队由彭梦庾和张冶负责，留下的由孙玉亭负责，重新组织党支部。

5 月21 日，敌人又从工程队点了300 人，其中有原在教化队的207 人，准备押往太原北门外的太原铁厂200 人、太原窑厂100 人。在离开工程队前，秘密支部开会做了研究，确定去太原窑厂与支部有联系的8 名党员，由傅明、杨延年、魏颖贤组成支部，由傅明任支书；去太原铁厂的与支部有联系的18 名党员，由孙雨亭、蔡恩光、申昌义负责组织支部，由孙雨亭任支书。并研究了出去后的策略，首先要从各方面了解回归部队的路线，找好关系团结群众，有领导有组织地争取让更多的人安全回到部队。

太原铁厂原是阎锡山的兵工厂，在太原城外。这里没有电网，虽由日本人管理，但已没有日本兵监视。它由原工程队的一个队长负责，还有一个国民党的被俘军官和一个皇协军监管。这里已不像之前的地方那样与社会隔绝，而有很多机会与社会接触。汉奸工头一方面欺骗大家好好干，许诺三四个月后就发给良民证，还说几个月后要发工资，用以稳定大家情绪；另一方面又威胁说，如果谁不好好干，仍要送回工程队。大家好不容易熬出了敌人的战俘营，都急于摆脱这个环境，好回到自己的部队。秘密支部担心大家容易乱跑，弄不好又会被押回工程队，因此一方面向大家说明不能盲动、不要冒险，另一方面又积极寻找组织关系，打听路线，设法使大家早日回到部队。

1943年6月1日，铁厂的一个八路军战俘上街买菜，碰到军区保卫部部长杨奇清的警卫员石海生，此人在教化队曾和秘密支部有过联系，敌人选他到特务机关当勤务员时，孙雨亭曾以八路军的身份和他谈过一次话。他俩一见面，石海生便打听孙雨亭的情况。听说孙雨亭在铁厂干活，石海生非常高兴，随即买了一条“日本烟”，拿出10元日本币，并写了一张纸条交给买菜的战俘劳工，让其转给孙雨亭。

买菜的战俘劳工回到铁厂，立即把见到石海生的情况告诉了孙雨亭，并把东西和条子给了孙雨亭。孙雨亭打开纸条一看，上面写着：“我有办法使你和大家安全回到部队。”孙雨亭看罢心里很激动，但转念一想又觉得有问题。石海生当年离开教化队时，孙雨亭曾告诉他，特务机关是个危险的地方，虽然那里有回部队的机会，但在特务机关不能久留，应当设法尽快回到部队，让部队来想办法营救同志们。但他去特务机关已经10个多月了，怎么现在才来联系？是否已被敌人收买了？于是孙雨亭和蔡恩光、申昌义等几个支部领导开会进行了分析。大家认为几种可能都存在，当下不能随便轻信。有人认为，在铁厂这儿当苦工也是有机会逃走的，不能轻易上当，再落入敌手。孙雨亭则认为，出了太原城就是阳曲县，上了山就可以找到自己的部队，向部队报告情况后就可设法来营救大家，于是提出带几个人探探路的想法。大家听后表示赞成，认为可以试一试。于是秘密支部决定由黄新发、王生财、王景荣三个年轻党员随孙雨亭一起行动，大家商定了行动的时间、路线和方法，并由黄新发来约定一位晋绥军士兵带路。支部书记孙雨亭对支委蔡恩光、申昌义说："这是一次冒险行动，首先要冲出汉奸的监视，在阳曲县内如遇到敌人，可能会再被捕，大家要有充分的思想准备。"他们约定五天内取得联系，如有意外，由留下来的同志另想办法。

1943 年 6 月 3 日拂晓，铁厂的战俘劳工还在熟睡，趁监管不注意，孙雨亭一行五人悄悄地走出了铁厂。天亮前就跑出了太原城，接着，向阳曲县城方向跑去。

逃出牢笼，他们深深地吸了一口自由的空气，紧张的心情也慢慢地轻松下来。不料走到中午时，却碰到一个皇协军。此人一见几个穿着八路军服装的人，心里也有点发虚，随即对空鸣了一枪，大声高喊："站住！"孙雨亭看到他只是一人，就大胆地走到他面前。

这个皇协军问："你们是干什么的？是八路军便衣？"

孙雨亭说："我们是从太原出来到农村做苦工求生活的。"

这个皇协军看见他们穿得破破烂烂，不相信他们是城里人，总说他们是八路军便衣。说着又向空中放了一枪，以示威胁。

孙雨亭见软的不行，便来硬的，干脆挑明了说："我是八路军，他们是阎锡山的兵，都是打日本人被俘虏坐牢的。我们逃出来就是要回八路军去，就是要回部队打日本人！"

接着又慷慨地说："你想把我们再送给日本人，绝不可能！你要考虑，你只是一个人，第一枪打的是我们，第二枪将会打死谁?!"

孙雨亭的这番话，使这个皇协军愣住了。他放下枪口说：“我也是中国人，生活没有出路，不得已才干伪军的，我不是真心给日本人干。”停顿了一下后说：“你们赶紧走吧。”

孙雨亭等刚走了几步，皇协军又喊他们站住，急促地跑上前说：“山口有敌人岗哨，白天绝对不能过去，黑夜再过去，过了这岗哨，山上就有八路军了。”并把自己的姓名告诉了孙雨亭。

走了两个多小时，一行人到了阳曲山下，天色还很早。孙雨亭等人观察了一下地形，研究了通过哨卡的具体办法。他们看到岗楼哨所确实戒备森严，白天不可能过去，于是找了一个安全的地方休息，准备天黑冲过敌人的最后一道岗哨。研究具体过岗的办法时，黄新发提出：“我在前面走，你们和我拉开距离，万一有情况我拍手，你们就隐蔽。”天黑以后，他们按事先商议的办法，一前一后地顺利通过了敌人的岗哨。当他们安全过了敌人的岗哨后，黄新发又提出：“你们与老李（孙雨亭）前面走，我在后面防止敌人赶来。”孙雨亭说：“没有事，还是大家一起走吧。”黄新发果断地说：“我牺牲了没关系，一定要保护好老李回到部队，城里还有许多同志等着老李联系部队来营救他们呢。”在朦胧的夜色中，大家看到前方不远处有个村庄，因为弄不清情况不敢贸然行动，只好在山顶找了个地方休息。

天亮了，山下村庄显得很寂静，大家估计这是根据地的村庄，就下山进了村。他们找到村公所，向村公所的人讲明了身份和从太原出来寻找部队的情况。村公所的乡亲给他们安排了早饭，又派人带他们走了 20 多里地，来到晋西北一个部队的团部。

来到团部，一位干部出来接待他们，并问了一下他们的情况。意想不到的是，接着出来的团政委竟是孙雨亭在北方局党校的同学颜槐生。颜槐生一看见孙雨亭，惊喜地说："哎哟！老孙，你回来了，听说你已牺牲了，我们在党校还为你开了追悼会，想不到今天又见到你，真是高兴！"颜槐生把孙雨亭引进办公室，倒了一杯茶，急切地追问事情的缘由。孙雨亭一边喝茶，一边把坐牢和出狱的情况简要地讲了一下，接着，孙雨亭急切地对颜槐生说："在太原铁厂、窑厂，还有 200 多位同志仍在做苦工，等待着我们去营救呢，请你们尽快派人去联系。"颜槐生马上说："好！我们派侦察科科长武治安同志去，他有特别通行证，在太原有联络关系。"说着让人叫来武科长，向其说明了情况。武科长高兴地对孙雨亭说："保证完成任务，但你们要有一个同志带路一块儿去。"随孙雨亭来的几个战友听后都争着要去。武科长说："要一个会骑单车的同志随我去。"红小鬼、指导员王生财说他会，于是决定由他去。第二天一早，他们就骑着单车出发。到太原后，他们很快与铁厂、窑厂的蔡恩光、杨延年取得了联系，通过部队的关系使 200 多名难友先后回到了根据地，蔡恩光、申昌义、魏颖贤、杨延年、白廷琮、李效良、马树勋等 20 人回到了孙雨亭所在的团部。为庆祝他们胜利归来，该团为他们包了饺子，发了新衣，休息几天后把他们介绍到晋西北军区，不久辗转到延安抗大继续学习。

7. 战俘营的活体解剖

用战俘做细菌试验和活体解剖，这是日军在华北各地的共同罪行。日本在华北的细菌部队即华北方面军防疫给水部，在华北各地驻军的师团、旅团中都设有办事处、支部或分遣队。黑太阳七三一部队创始人石井四郎因为经济问题受降职处分，曾于 1942 年 8 月至 1944 年初调任驻山西第一军军医部长，直接指挥太原防疫给水部的细菌战活动。在此期间，七三一细菌部队曾从太原战俘营特别输送了 50 名抗日战俘到哈尔滨平房本部做细菌试验。同时太原防疫给水部也多次从太原战俘营索要战俘进行活体解剖。

战犯中村三郎曾交代：“1944 年 1 月，我在第一军司令部任军医中尉时，曾在太原防疫给水部受训三天，用中国俘虏 8 名进行了活体解剖的手术实习。先后共参与和亲手斩杀了抗日军人和居民共 46 人。”

这就是日军所谓的医学文明，这就是日军医术高明的原因。与中村三郎相比，汤浅谦所在部队可能是有过之无不及——潞安日本陆军三十六师团野战防疫给水班在进行细菌生产、试验时，每天能培养细菌 1 公斤，一方面供给太原细菌部队使用，一方面供给三十六师团野战细菌部队使用。他所在的潞安陆军兵院，每年都会进行四五次以俘虏为材料的活体解剖，到 1945 年，他们又提出每年 6 次、每次 2 名战俘的活体解剖计划。陆军医院使用战俘做活体解剖是件很普遍的事，可以说是家常便饭，当时华北方面军有四五十万人，共有 20 所陆军医院，一共杀害了多少战俘可想而知。1955 年，在人民政府审判日本战犯时，汤浅谦交代了自己从 1942 年到 1945 年期间 8 次参加活体解剖的经过。特别提到了第二次在太原战俘营进行活体解剖的罪行：

在山西路安任军医期间，我曾 8 次参加活人解剖。第二次是 1942 年 4 月初，路安陆军病院命令我与卫生下士官和护士各一名，到太原陆军病院参加研究伤患营养伙食会。前三天，由下士官和护士们研究营养伙食问题。我和各地来的 20 名军医，第一天在太原防疫给水部训练，第二天在太原工程队（也就是太原集中营）做解剖学习手术。当时工程队佩带白肩章的军医令他的部下提来 4 名俘虏，他亲自用手枪将 4 名俘虏各打一枪，但并没有打死。这时，我们在太原陆军病院院长佐藤中佐的指导下分为 4 组，然后将被枪打伤的 4 人缚在手术台上，进行解剖。有的剖腹取子弹，有的切断四肢，军医部长兵头由安也在场教授大家手术的方法。我解剖了其中一人，是做了上肢切除术。在手术做完后，这 4 个俘虏全部死了。

这就是日军在战俘集中营秘密进行的一次解剖训练。没有伤员时，他们可以任意把中国战俘打伤而不打死，让战俘们在痛苦中接受刽子手的“手术训练”，直到最后死亡，做法残忍至极。

八、遍布山西的工程队

驻山西的日军统归日本第一军领导。第一军直接管辖的太原战俘营叫太原工程队，第一军管辖的各师团和各旅团也有战俘收容所，他们也统称工程队。有时根据作战需要，日军还会组建几百人的临时工程队，随同日军师、旅团的工程兵部队行动，为日军架桥修路、装卸搬运。老百姓们不知道日军部队的番号，就以他们的所在地为名，称其为运城工程队、临汾工程队、某某工程队，等等。各地工程队的战俘一般会被向上送到军部领导的太原工程队，各地需要战俘劳工时又会从太原工程队进行调拨。这里我们简单地介绍运城和临汾两个地区的工程队，以便人们对日军师团、旅团的工程队有个大概的了解。

1. 运城地区的工程队

运城工程队又称运城战俘营，设在运城安邑，建立时间不详，根据幸存战俘劳工的回忆，日军在 1941 年 5 月中条山战役后就建立了运城工程队，一直延续到日本投降。

运城战俘营关押的战俘多为临时性关押，而且以有目的的劳动为主。有的战俘从战场上被押下来经短暂关押，然后就会被转往临汾战俘营、太原战俘营、北平战俘营；有的被直接送往伪满洲的抚顺等地充作劳工；有的先留在运城工程队干活，劳动一年半载后再被送往其他战俘营和就劳地充作劳工。中条山战役是日军在华北正面战场进行的比较大的战役，中条山战役后，日军又多次在中条山地区“扫荡”作战，估计在运城战俘营关押和转出的战俘劳工有四万多人。

据幸存战俘劳工回忆，在运城地区，关押使役过战俘劳工的工程队还有几处，如运城监狱、庙村韩信沟、张孝飞机场、羊驮寺飞机场等地。

图4　山西运城安邑县张孝村的民众座谈当年日军强迫战俘劳工修建飞机场的情况（何天义研究室拍摄）

运城监狱，在中条山战役前就关押着战俘和被捕的抗日军民，日军利用旧监狱的设施，进行简单改造后，继续用于关押战俘和囚犯。被关押人员吃喝拉撒睡都在阴暗的牢房里，吃饭从门上的小窟窿里递送，吃的是谷子面等粗粮做的馒头，喝的是凉水，生活条件恶劣。战俘刚关进运城监狱和临时收容所时，还要被审问，主要查问战俘身份、部队编制、长官姓名、武器装备等情况，不管你说不说，都要挨一顿打。在临时收容所关押的战俘，要解手先要报告，否则就会挨杠子打和刺刀挑，有的战俘就因上厕所没打报告而被警戒的日本兵活活刺死。

张全有于 1943 年在中条山战役中被俘，被日军从蒲州押到运城战俘营。当时他只有 13 岁，连饿带冻生病发烧，日军不但不给他治疗，反而把他当作玩具，端起来传来传去，有的日本兵一下子没接住，就把他摔在地上，摔得头破血流。大病未愈的他后来又被转送到太原战俘营，最后送到日本充作了劳工。

庙村韩信沟在安邑西南，主要修筑炮台等军事工程。这里的工程队大约有数百人，修飞机场的工程队使用战俘劳工数量最多，估计有数千人。日军占领运城后曾利用战俘劳工修建了两个飞机场，一个是张孝飞机场，一个是羊驮寺飞机场，每个飞机场都有战俘组成的工程队。据笔者 1999 年 5 月 6 日到张孝村的座谈调查显示，张孝飞机场占地1 400多亩，80% 的土地是占用村里的耕地，从 1941 年开始修建到 1943 年完工。日军突击施工时，机场周围的陶村、东丑、西丑、张金、上望、张孝等村都住满了工程队的战俘、骗招的劳工和摊派的民工，仅张孝村一个村就住了2 000多人，估计经常使用的劳工数量在5 000人以上。尽管如此，劳工还是不够用，1941 年下半年日军还从太原工程队调来大批战俘前往运城工程队修建飞机场。

建飞机场要挖壕沟、建油库、修跑道、盖房子，都是重体力劳动。日军为了使飞机场能够早日投入使用，尽快用飞机运输武器弹药和军需物质，工程进度赶得很急。战俘劳工天不亮就被催着上工，天黑了还不让下工。每顿饭只给劳工两个粗粮面小馒头，没有菜，水也很少。一些劳工饿得难受，就捡萝卜头、茄子把、白菜叶充饥，被日军发现后还要遭受毒打。有的战俘劳工衣服磨破了没有上衣穿，就光着膀子干活；冬天身上无衣穿，就捡破麻袋、草袋披在身上御寒。因吃不饱、营养差，患病者很多。1942 年该地区流行了一场瘟疫，死了很多人，人死后有的被就近挖坑掩埋，有的被扔在农田的水井里。因为战俘、劳工、民工数量太多，日军和包工头骑着马，拿着皮鞭和木棍来监工，见谁抬筐抬得少、干活干得慢，立刻就用棍子打、皮鞭抽。战俘劳工不甘受此种奴役，不少人趁外出劳动时逃跑，然而被抓回来不是被杀掉，就是遭受一顿毒打。有的被日军罚站，并在脖子上点洋蜡；有的被拉到井边用枪刺死，扔在井里，张孝村魏天成家的水井里就填埋了很多被刺死的人。

飞机跑道修好后，飞机开始起落，工程队的任务又改为在飞机场当装卸工，搬运货物，装卸炮弹，每天少则几吨，多则几十吨，全靠人背肩扛，有的劳工干得稍慢一点或抬不动，就会遭到拳打脚踢和枪托殴打。

据张孝村的村民回忆，仅在他们村住的劳工，从 1941 年到 1945 年每年都能死几百人，整个飞机场的修建和运行工程一共死了多少人，没有人能说得清楚。

此外，运城战俘营还曾往中条山山区派出数支工程队修筑公路。如在平陆县张店镇就有一支比较大的工程队，又叫张店战俘营。它负责修筑平陆通往运城、夏县、芮城等地的公路。在山区修公路，生活更艰苦，吃的是高粱面、红薯面、红薯皮做的馒头，喝的是稀汤，一顿只给二三两，根本吃不饱。很多人吃得肠道梗死，排不出大便而患上重病。运城是产盐地区，日军却不给战俘吃盐，不少人因此而体弱生病。至于战俘的住处，有时是民房，一个小屋住几十人，拥挤不堪；有时在山坡上临时搭草棚，晴天遮不住太阳，雨天挡不住暴雨。白天做工又累又饿，晚上蜷缩在棚子里又饿又冷。不少人死在工地，埋在路旁，而苟且活下去的劳工在工程干完后，又被送往外地继续充作劳工。

2. 临汾地区的工程队

临汾工程队又称临汾收容所、临汾俘虏院、临汾冯家楼收容所等，建立时间不详。据战俘劳工郭基羚回忆，1941 年 5 月中条山战役后，日军便开始把国民党战俘从运城战俘营转至临汾战俘营，地点在临汾城内的尧庙。此庙很大，可容纳成千上万的人。据 1941 年 9 月被俘的八路军战俘回忆，他们当时被关在临汾冯家楼收容所，门上挂有“晋绥军收容所”的牌子，但关押的不限于晋绥军战俘，什么战俘都有。

抗日师生党治华等人在 1943 年遭日军抓捕后，从浮山县被押到临汾俘虏院，关在南门根下一个铁大门里，位置似乎也是尧庙。由此可以看出，临汾战俘营关押战俘的地方至少有尧庙和冯家楼两个地方。临汾战俘营中的战俘除少数人在当地劳动外，多数人经短期关押审讯后，或直接送去伪满洲国地区充作劳工，或转送至太原战俘营，再送往日本充作劳工。临汾战俘营共关押过多少战俘，我们没有找到准确的统计数字，估计中条山战役经此转送的国民党战俘有数千人，1941—1945 年在此关押和送出的战俘劳工亦有5 000人。

在临汾战俘营中对从中条山押来的战俘，日军一般不再进行审讯，而对从临汾地区抓捕的抗日军民和俘虏都要进行严刑拷打和轮番审讯。特别是 1941 年 9 月被俘的八路军决死队，日军为了查出被俘的团长胡兆琪和其他共产党领导干部，对俘虏一个个地使用酷刑，不少人被打得死去活来，但战俘们始终没有暴露党的组织和领导干部的身份。

战俘营每天早晚有两次点名训话，除此之外，除了审讯就是外出劳动。战俘劳工生活条件很差，数九寒天里不少人还穿着单衣，几十个人关在一个又潮又湿的屋子里，冻得上牙直磕下牙。每天两顿稀米粥、两个窝窝头，吃不饱饭，还要天天进行训练、强迫劳动。战俘劳工有了病不给治疗，每天都往外抬死人。战俘劳工中间因此流传着一首歌谣："苦力命运像黄连，饿着肚皮让操练，很快就把伪军当，拉到太平洋填炮眼。"

战俘劳工不甘心受日军的虐待和奴役，自发地展开了秘

图5　在太行山铁矿岭遭日军抓捕迫害的抗日志士（何天义工作室征集图片）

密斗争。1941 年秋，八路军太岳军区决死纵队一旅五十九团团长胡兆琪和二一二旅指导员高光鉴等人在临汾战俘营建立了秘密的临时支部，由胡兆琪任书记。他们号召本部队的被俘党员保守秘密，保持联系，团结互助，克服困难，继续工作，继续斗争。后来他们被押送到抚顺煤矿老虎台、万达屋、龙凤矿、露天矿、大山坑等劳作地后，又将抗日的火种带到伪满洲国地区，在各矿均建立了秘密党组织。高光鉴、王敬堂等人在万达屋还曾组织战俘劳工进行暴动，有些人逃离虎口，但多数人被敌人追回，高光鉴和王敬堂主动承担了责任，被敌人判刑后关进监狱，忍受着折磨。

1943 年 12 月，一个在战俘营当了一年多木匠的战俘，利用在营区各处修门窗的便利条件，熟悉了战俘营的情况，并联络了各监号的战俘劳工准备发动暴动然后伺机逃跑。他们准备在拂晓前干掉警戒牢房的三个日本兵，夺取枪支，然后奔向前院切断电话线，把睡觉的日伪军堵在被窝里，继而夺取枪支弹药，直奔解放区。但在行动中由于慌乱出了差错，木匠指挥两个大个子青年用绳索绞杀值班室睡觉的日本兵时，没勒住脖子却勒住了对方的嘴。这个日本兵大喊大叫，惊动了站岗的日本兵，其接连鸣枪报警。前院日伪军闻讯赶来，四下里枪声骤起，战俘劳工们拼命向外突袭了两次，都被敌人的火力压回去。40 多个人当场倒下，木匠和两个大个子青年也当场献身。第二天，日军展开大清查，又找出 50 多个参与暴动的战俘，对他们采用鞭子打、杠子压、吊在树上让狼狗咬的残酷审讯行动，企图追查暴动主谋。但大家都宁死不屈，没有一个人肯透露暴动的真实情况，最后都不幸被敌人装进麻袋里，趁着黑夜活埋在俘虏院南墙根的大坑里。

九、太原战俘在“南满”

七七事变后，东北地区的劳动力严重不足，成了日伪统治者面临的一大难题。为了解决这个问题，日本关东军于1941年4月同日本华北方面军达成了关于紧急动员工人入“满”的协议，明文规定把华北的战俘和其他被押被捕人员送到东北，充当特殊工人。从此以后，一批接一批的战俘劳工来到东北，变成了伪满洲国地区的特殊工人，在日本的军事工程和一些产业部门做苦工。太原战俘营是给“满铁”（“南满洲铁道株式会社”）输送战俘劳工即特殊工人最早最多的战俘营，而抚顺炭矿是该区域内接受特殊工人即战俘劳工最早最多的煤矿。

1. 抚顺炭矿的特殊工人

何谓特殊工人或特殊人？据伪华北新民会制定的《特殊人的劳动斡旋工作计划》（以下简称《计划》）中称：“所谓‘特殊人’，系指符合以下几项并将其当做工作对象者：（甲）在当地部队、宪兵队、县公署、警察分队等收容处中的犯罪可疑分子乃至嫌疑分子；（乙）由于开展清乡工作而捕获的通匪可疑者；（丙）讨伐作战所获的俘虏；（丁）干扰开展新民会工作者。”《计划》还明确指出上述四种人必须是“能劳动者”才可作为特殊工人或特殊人。这里明显地提到了特殊工人包括被俘的抗日军人、抗日干部和平民百姓，其中被俘军人居多。他们在日军特设的“训练所”强制受训后，由日军分批押送至东北交给伪满洲国，分派在日本关东军所属部队的军事工程和伪满洲国民生部指定的为战争服务的工矿业或特殊工程，从事最繁重的苦役。

抚顺炭矿为何是“满铁”使用特殊工人数量最大的企业呢？当时的抚顺炭矿是日本帝国主义在中国东北的政治经济双料侵略工具——“南满洲铁道株式会社”的一个直属机构，它不仅垄断了抚顺矿区的所有煤炭资源和油母页岩业，而且经营着一大批几乎无所不包的附属业，诸如发电、机械、火药、焦炭、制铁、水泥以及文教卫生等。抚顺炭矿在“满铁”这部侵略机器上实属一个十分关键的部件，它对“满铁”无论在军事上还是在经济上的作用都是很突出的。正是这种重要的地位，决定了“满铁”必然要确保抚顺炭矿所需要的足量劳动力。

早在 1938 年 11 月，抚顺炭矿就开始使用战俘劳工。当年，日军把在“北满特别区”（以下简称“北满”）被俘的 100 名抗日联军按日本关东军的统治思想训导两个月后，发配到抚顺炭矿充作苦力。到 1940 年 7 月底，连跑带死仅剩 22 人。虽然当时还没有“特殊工人”的称呼，但却创下了使用战俘劳工的先河。大批接收特殊工人是从 1940 年开始的。这年 12 月，抚顺炭矿龙凤采炭所接收了 168 名特殊工人，至1941年12月底，在抚顺的特殊工人总数就达6 312名。1942年6月30日，伪满民生部次长源田松山主持召开了有日伪军政各部门代表参加的会议，审议了《辅导工人管理要领》。日伪方决定将特殊工人分为辅导工人和保护工人，特殊工人中的战俘被称为辅导工人，一般抗日民众被称为保护工人，但人们习惯上仍称战俘劳工、特殊工人或特殊人。1943年10月中旬至12月下旬，又有5 218名辅导工人先后分4批从“北满”被押送到抚顺炭矿，其中前3批的4 327名中，有八路军军官48名，士兵1 511名。因此从太原战俘营送到抚顺的特殊工人，一部分是1941年直接从太原地区送来的，另一部分则是从太原战俘营送到“北满”中苏边境，在军事要塞施工后才转押到炭矿的。

在抚顺炭矿，特殊工人绝大多数被分派在劳动强度最大、条件最艰苦、环境最恶劣的井下采掘工作面工作。在地面的则大部分被派充至线路工工作岗位。1941年6月至12月到矿的6 000余名特殊工人，具体分配到各现场单位的情况是：露天掘事务所753人，大山采炭所2 155人，老虎台采炭所1 365人，龙凤采炭所1 252人，制铁机械工作所176人，烟台采炭所428人，蛟河采炭所183人。分配到矿井的有5 383人，占这半年到矿特殊工人总数的85.30%。而1943年10月以后到达的5 218名特殊工人，被分配从事井下采煤作业的达4 485人（大山坑816人，东乡坑725人，老虎台坑409人，万达屋坑511人，南山坑335人，龙凤坑445人，搭连坑232人，南昌218人；外地的烟台、蛟河、龙头沟3

个矿共794人），占85.95%，分在露天现场的只有733人，约占14.05%。被分在地面的绝大多数也是劳动强度大的岗位。

特殊工人在井下，从事最艰苦的采炭、掘进、支柱、线路等作业。在日伪军、警、宪、特的监视下，他们每天要付出10小时甚至12小时以上的繁重劳动，劳动强度之大到了无法忍受的程度。矿井下的条件极其恶劣，设备十分简陋，冒顶、片帮、瓦斯爆炸等事故经常发生，伤亡事件连续不断。特殊工人不仅需要承受艰苦的劳动熬煎，还要面对日军的刺刀枪托、皮鞭镣铐等暴力行为的非人折磨。

抚顺炭矿对工人的统治有一套严密的管理机构和管理办法。在炭矿总务局内设有劳务课，劳务课下设劳务、管理、厚生（所谓福利保健）3个系，负责管理工人的各种事项。至各采炭所及工厂，又分设劳务系或劳务班，直接管理所属工人。特殊工人不但被置于这一套管理机构之下，而且要受劳务系员或现场系员的监督管理。同时，炭矿还经常借助日本军队的淫威，动不动就对特殊工人实行“武装强制监视”等措施。

然而在太原战俘营，日军却把抚顺炭矿渲染得十分美好，把人间地狱说成是人间天堂。日军经常在俘虏营里散发宣传品，说抚顺炭矿的生活如何好，有戏院、电影院、饭馆、澡堂、妓院，在抚顺可以住楼房、用电灯、吃洋面、吃大米，等等，进而蒙蔽、欺骗、麻痹战俘。当把战俘强掳到抚顺，把战俘劳工变成特殊工人后，战俘们才真正理解到：

人间地狱十八层，十八层下是矿工。

特殊工人比普通矿工更低人一等。特殊工人一到煤矿，就受到严密的监督和奴役，日本矿主首先会对他们进行身份调查，取指纹、照人头像，制定工人名册。同时不允许他们和一般工人杂居，只能住在警备森严的指定的区域内。特殊工人不实行炭矿施行的普通制度，仍保持部队的组织形式，从原来的将校级或有工作能力、有影响的战俘中任命队长，并使其隶属于劳务系，利用其原来的身份和威信行使行把头的职能，对特殊工人进行监督管理，防止工人逃跑。

特殊工人多数没有工资，即使发一点劳动报酬也很低。在井下作业者，名义上每日平均挣 1 元 8 角左右，其余岗位挣 1 元 6 角左右，而实际上每日只能得到 5 角钱的饭票。工人持此种饭票，只能在“满铁”直营的工人贩卖店购买主副食品和日用品。其余的钱哪里去了呢？当时，抚顺炭矿应日本军方要求，对特殊工人采取了现金强制储蓄制度，只将每月纯收入数通知本人，必需的款项须通过队长从储金中支出。这样，所谓工人的纯收入，只是炭矿账簿上的数字符号而已。因此，特殊工人悲惨的生活境遇是可想而知的。

特殊工人的粮食定量低，伙食极其恶劣，经常吃稀饭、发霉的粮食，毫无营养可言。领的衣服和劳保用品有限，既不耐用，也不能御寒，经常光着膀子赤着脚在矿井下劳动。他们住的条件更为恶劣，传染病经常流行，死人的事时常发生。1943 年 4—5 月，老虎台采炭所万达屋工人宿舍发生了霍乱病，因得不到治疗，有几十名工人病死，日伪反动当局怕霍乱蔓延，竟将这一地区封锁起来，并命令万达屋诊疗所的日本医师用注射器将10名霍乱病患者毒死。

日军还设置了战俘营式的矫正辅导院对特殊工人施以法西斯暴行。1943年，日军在抚顺新屯南山设立了矫正辅导院。在这里，工人除遭受酷刑拷打的“矫正”外，在生活上也受到非人的待遇。当时，凡被抓进辅导院的工人都被关在一间极其肮脏的大房子里，夏季漏雨，满屋腥臭，到处蚊蝇；冬天风雪袭人，两三个人才发一床小薄被，又脏又破，人们只好拣些破洋灰袋子和破麻袋片御寒。每顿饭都是一个又酸又霉的脏饭团子或窝窝头，无菜无油，甚至连喝水都十分困难。工人穿囚衣，戴镣铐，在敌人的刺刀威逼下每天至少要干12小时的重活，稍不遂意即遭打骂。由于过度疲劳，加之营养不良，工人得病的甚多，但仍然得不到休息和治疗。日军、把头还用棍子逼着病人上工，说什么：“你脑袋还硬不硬，脑袋硬就得上工。”当时，在群众中流传这样两句话：“辅导院是阎罗殿，进去容易出来难。”在辅导院被折磨至死的工人不计其数，有时最多一天就能折磨死60多人，有的工人尚未断气就被扔到野外喂食狼狗，不准同屋难友收尸。

为了防止特殊工人团结反抗，抚顺炭矿还先后搞了一系列监视管理措施。1941年6月9日，日军当局策划了一份《特殊工人对策备忘录》，提出在有特殊工人的配属单位设立侦谍工作网，对特殊工人进行谍报、阴谋和宣传三方面的秘密战。同年8月15日，为加强战时的防卫，抚顺炭矿成立了特务委员会，加紧对特殊工人的宣传和监视。8 月 27 日，抚顺炭矿又制定了《抚顺炭矿工人动向取缔计划》，决定成立炭矿警备队，并将警护团的一部分人武装起来，用来对付特殊工人。1942 年 7 月后，抚顺炭矿又设置了工人辅导班、警备员、防卫班等反动机构，加强对特殊工人的管理和监视。1944 年，为防止工人逃跑，日伪有关部门在抚顺地区周围主要通路 16 处派遣移动防止员，并取得当地警务机关的协助，以期万无一失。此外在奉天到吉林公路沿线的章党站、前甸子站、抚顺城站和奉天抚顺沿线的抚顺站、大官屯站、瓢儿屯站、李石寨站、奉抚路各汽车站派遣移动防止员，在铁道警护队的协助下，防止劳工逃跑。同时，鉴于沿奉抚公路向奉天逃亡的工人很多，日军遂利用卡车天天进行搜查追捕。

哪里有压迫，哪里就有反抗。尽管日伪有关部门的统治异常严密，对工人运动的镇压非常残酷，但特殊工人的反抗也从来没有间断过。广大共产党员是特殊工人中最团结、最有生气、最勇于战斗的核心力量，除极个别分子外，那些日伪企图收买的共产党被俘军官和有影响的人物绝大多数是对敌斗争的带头人、党组织的领导者。他们坚持民族气节，不畏强暴，不怕流血牺牲，一直坚持同敌人做斗争。

2. 初建临时党支部

1941 年末，从太原战俘营押到抚顺炭矿的战俘达数千人，其中分配到抚顺炭矿老虎台采炭所万达屋井的特殊工人有数百名，分别被定为采煤工、掘进工和支柱工，在矿井下从事繁重的体力劳动。

在万达屋特殊工人宿舍 118 栋居住的几十名八路军被俘人员中，有好几名是共产党干部。其中有晋绥军二一二旅司令部作战参谋南品（原名王敬堂）、二一二旅政治部秘书马苏义（在抚化名杨三春）、二一二旅五十六团副团长熊言顺。他们几人在 1941 年 11 月到达抚顺后，就急切地想找地下党组织接上关系。当时日军对被俘人员监视很严，剥夺了他们的人身自由，但有些把头为了多出煤，多得利，却暗中讨好他们，和他们拉关系，有时允许他们临时到外面去转转。南品利用这个机会到外面去了几次，尽管想了很多办法，但始终没有找到地下党组织。在这种情况下，南品等人一致认为，共产党员在任何时候都应该坚持斗争，要斗争就必须组织起来。于是他们联合了原部队的共产党员，秘密成立了临时党支部，由熊言顺任书记，南品任军事委员，马苏义任组织委员。党支部的工作方针是：团结被俘人员，继续与敌人斗争，继续为党工作。12 月，晋绥军决死纵队卫生部部长李新民（在抚化名李凤鸣）、二一二旅连指导员高光鉴（在抚化名高明义）先后到达万达屋矿井后，也被选为支部委员，参加了支部工作，李新民负责卫生工作，高光鉴负责宣传工作。支部联系的党员有 30 余名，团结着一同押来的百余名战俘。

被俘人员到抚顺后，通常情绪波动很大，谁也不愿为敌人卖命，都想着逃离抚顺，重返部队。少数人员有悲观情绪，缺乏斗争信心。与此同时，当地矿工群众对他们不了解，对抗战的形势和前途也不了解。针对这些情况，支部开会进行了研究，决定在被俘人员中做深入细致的思想工作，帮助大家提高认识；大力开展宣传工作，扩大党在群众中的影响。支部成员分别找党员谈心，给他们讲解当前的形势和面临的任务，鼓励他们坚定信心，继续坚持斗争，在条件成熟的时候逃回部队。支部成员还和党员一起想方设法接近当地矿工群众，宣传党的主张，介绍根据地情况，宣传八路军必胜、抗日必胜的道理。通过这些有意义的工作，多数被俘人员精神得以振奋，党的影响力也在不断扩大。

特殊工人每天要在矿井下从事十余小时的繁重劳动，睡眠只有四五个小时。他们吃不饱，营养缺乏，穿不暖，无法御寒。加之煤矿和住处的条件恶劣，日军的残酷压榨使不少劳工一病不起，有些甚至被夺去了生命。为了解决这个问题，临时支部秘密召开会议，最后决定把大伙手中的钱集中起来统一使用，为病人服务，尽量减轻病号的痛苦，挽救难友的生命。支部的这个决定得到了大家的支持，纷纷把自已手里有限的钱拿出来交给支部。不少身强力壮的人员按支部的安排下矿井劳动，力争多挣一些钱。支部派人从外面买来药品和食品，分给生病的人员，在精神上给了他们很大的安慰，同时也解决了一些实际的生活问题。

随着冬天寒冷的加剧，生病的人日益增多，死亡的人员接连不断。支部筹集的钱十分有限，根本解决不了这些问题，大家只能眼睁睁地看着生病的战友一个一个地死去。敌人非但不及时把死亡的人员予以安葬，反而把他们的遗体搬到外面，一层一层地垛起来堆放在战俘的面前。战俘劳工们见了义愤填膺，怒不可遏，纷纷要求暴动逃走，并提出“宁可砸死，也不愿等死”“争取英勇地死，反对屈辱地生”的口号。

南品到抚顺后，一直谋划着逃跑计划。李新民到矿的第二天，就和高光鉴一起找南品商谈暴动逃跑之事。多数人极力主张逃走，并提出了“宁死不屈”的口号。临时党支部根据战俘党员们的要求于 12 月 16 日上午召开了会议，专门研究逃跑问题。会上，李新民介绍了从热河来的劳工逃走的情况，南品等人结合面临的具体情况对逃跑问题进行了探讨。最后决定在 18 日领取工资后，组织特殊工人暴动。在行动前，党支部要求大家做好准备，每人准备好够用两天的食品。当时，支部只有高光鉴带来的一个指南针，而逃走所需要的其他东西还缺很多。会议根据李新民的提议，由南品负责到外面购买人丹、阿司匹林、凡士林和头痛药等用品，并且察看逃走的路线；由高光鉴负责动员工作，尽快把队伍组织起来。

会后，临时党支部于当天夜间，分别向同宿舍的有关人员秘密传达消息，筹集购买逃走所需物品的经费，当晚就筹集了 70 余元。为把暴动队伍有效组织起来，高光鉴主持召开了动员大会。他向全体党员和群众讲了逃走的有关问题，号召大家团结起来，坚定信心，排除千难万险，争取返回部队。听闻此言，难友们心情异常振奋，当场就有七八十人报名参加。会上这些人被编成七八个班，并选出了各班的负责人。南品的工作进展得也很快，19 日早饭后，他和白兆顺到欢乐商店买了手套、袜子、帽子、钢笔、日记本和药品。20 日，又到欢乐商店买了红蓝铅笔和笔记本，还到新抚顺大马路商店购买了一张东北地图。与此同时，临时支部还派人察看了自万达屋经浑河、二道房子至三家子一线的道路情况。

为了能使暴动成功，在基本准备工作就绪的情况下，临时党支部又秘密地召开了一次会议。会上制定了具体的行动计划、行动路线，决定从抚顺出发，向安西省或热河省前进。开始不要做任务惊动敌人的活动，以便能迅速摆脱敌人，隐蔽入山。为适应新的情况，支部又做了新的分工：熊言顺负责全面工作（后因病未参加暴动，不久牺牲于万达屋），南品负责军事指挥，高光鉴负责宣传工作，马苏义和李新民的工作未做变动，仍肩负原来的职责。这次会议前后，在高光鉴的组织下，大家写了大批传单，准备在沿途散发。传单上写了下列口号：“工友们团结起来吧，向抽吸我们血膏的日本帝国主义开战吧!”“配给制就是压迫剥削我们的最高表现!”“中国人民团结起来吧，为求自己的自由和解放向奴役统治我们的敌人进行斗争!”

3. 被镇压的暴动

1941 年 12 月 21 日晚 9 点，暴动开始了。在夜幕的掩护下，参加暴动的战俘劳工手持扎枪、铁棒等武器，三三五五地经过万达屋菜市场北侧，向龚家沟汇集。队伍集齐后，在南品等人的带领下，首先破坏了电网，然后有秩序地向北挺进。

工人们都蹑手蹑脚，小心翼翼地向前走，深夜 11 时到达了浑河边。这时浑河已结冰，尚未冻实，一踩上去就会落入水中。为了迅速逃离虎口，大家纷纷跳入河中，用铁棒探路，涉水而过。每个人的裤子和衣服都结了冰，异常寒冷，行动十分不便。但人们的情绪十分饱满，没有一个人叫苦，都精神抖擞地向前挺进。

22 日凌晨，他们到达了前甸村东二道房屯，在那里找了一名叫邵袭麟的农民做向导。后经鲍家屯到靠山屯，在这个屯又找了一名叫王子荣的农民做向导。南品拿着指南针在前面开路，带领暴动的战俘劳工翻过一道道山梁，跨越一条条沟壑，历经种种艰难，于清晨 6 点到达三家子村，这时已经天明了。为了防止暴露目标，队伍开进一个大院进行休整。

22 日早晨 5 点，王子荣的家属到抚顺城警察署前甸子分驻所报告，说八路军夜里从靠山屯路过，并将王子荣带走。前甸子分驻所马上向上级报告这一情况。反动当局闻讯后惊恐万分，立即通报周围各地宣布戒严，封锁一切交通要道，并中断了山海关开往东北的铁路交通。

抚顺警察署接到急报后，紧急召集 20 余名警察组成讨伐队，乘汽车向三家子扑去。8 时 30 分，参加暴动的战俘劳工正在院子里吃早饭，忽听见远处传来汽车的马达声，他们知道敌人来了。南品立即指挥队伍从大院撤出，向北转移，并迅速地占领了北山，准备与敌人战斗。敌人看到暴动劳工后，立即从汽车上跳下来，一起向北山涌去，很快把北山包围起来，并在山脚下架起机枪疯狂地向山上扫射。一时间，三家子村硝烟弥漫，枪声大作，几十里以外的地方都听得真真切切。

由于暴动工人手中没有枪炮，所占的北山是一座秃山，难以隐蔽，又无法接近敌人，所以他们只能在沟膛里跑动，与敌周旋，伺机行动。敌人对北山轮番扫射，逐渐缩小包围圈。最后，暴动工人中有 3 人牺牲，40 人被捕，其余则伺机逃跑了。接着，敌人于附近地区继续搜查，第二天上午又有 9 人被抓回。

敌人把被捕工人分别关进警察署和宪兵队，分头进行审讯。24 日，反动当局召开紧急会议，研究特殊工人暴动一案。会后，抚顺县警务科、抚顺城警察署、抚顺市警务处特务科和抚顺宪兵分遣队调集 49 名警察、特务和宪兵，分别深入周围各地，对暴动一案进行追查，找证人、取证据，调查与暴动工人有牵连的人和单位。

被捕工人在审讯中遭到了严刑拷打，敌人逼他们说出暴动的领导人。南品等支部领导知道了敌人的意图后，立即暗中商量，把暴动的领导人定为死者王振（临时编造的名），将责任都往他一个人身上推。党员们把支部的决定告诉大家，并鼓励大家要坚强、顶得住，严守机密，坚决同敌人斗争到底。在审问时，大家一个调，都说暴动的领导人是王振。敌人听了暴跳如雷，气急败坏地给他们加刑，什么皮鞭抽打、镐把炖肉、灌凉水、上大褂、冷冻、过电等酷刑都用上了。但这更激怒了被捕的战俘，大家决定豁出去挺上了，横竖是一条命，任你随意用刑。有的人被打得晕倒在地，几十分钟不省人事，被水泼醒后，仍然坚持说暴动的领导人是王振。暴戾的敌人更加凶狠地摧残被捕人员，把他们打得遍体鳞伤，死去活来。后来，由于个别人员受不了酷刑，讲了一些真实情况，加之敌人从三家子弄来了6个证人到被捕人员中辨认，指明南品等是暴动的领导人。在这种情况下，南品等人经过暗中商量，认为再隐瞒自己的身份会使同志们反复受刑，付出更大的代价，“不如以自己的死，换取多数同志的活”。于是南品用铅笔给被捕的同志写了一封信，信中写道：

> 诸位：
>
> 对不起，为了我们祖国的解放和自己的自由，而要挣扎到最后一分钟。因此不得不和最亲爱的侣伴告别了，希望你们在不久的将来也能一样地走在为祖国胜利的光明的道路上，做一个万古流芳的民族英雄。胜利就在我们眼前，要记住，牺牲自己才能换取光荣的幸福。别了，在胜利的大道上再会吧！

这封信交给难友们以后，南品、高光鉴和李新民三人指着其他被捕人员，傲然地向敌人宣布：“他们参加暴动完全是我们命令的，我们是指挥暴动的，与他们无关。”

两个多月的严刑审讯结束了，南品等人以“暴动主谋”的罪名被关押起来，其他46名暴动工人经“严厉说谕、训诫”后，于2月10日被押回万达屋矿井，继续做苦工。

4. 再建临时党支部

暴动战俘回到万达屋后，敌人把他们一律打发到井下，从事最繁重的体力劳动，不准他们请假、外出，连一天的休息时间也不给。把头和管账先生天天到大房子里查看，驱赶他们下井劳动。对病号不是打就是骂，百般刁难，残酷折磨。敌人还派了一名原国民党军队的少校营长住在大房子里当房长，日夜对他们进行监视。在矿井下，把头抡着皮鞭，逼他们快干活，多挖煤，稍有怠慢即遭鞭打。他们的劳动所得大部分被敌人占有，回矿井后第一个月的工资全部被扣压，一分钱也没得到。以后每个月得到的工资也很少，普通工人每月开三四十元，而他们一个月只能得到 10 元左右，平均到每日的三角钱只能买几个窝窝头，勉强糊口。他们之中的童工得到的工资更少，回矿后第一个月开 5 角 8 分，第二个月开 6 角 3 分，用这些钱根本难以维持生活。繁重的劳动和营养的缺乏使很多人生了病，以致病死，党员梁义江就是在这种情况下被折磨死的。敌人除采用高压手段对付他们外，还用软刀子杀人，即开妓馆、设赌场、贩毒品，妄图用这些丑恶的东西消磨被俘人员的民族意识和斗争意志。

在这种情况下，个别战俘情绪低落，悲观失望。少数人腐化变质，开始堕落。为了把广大党员和群众组织起来，继续坚持斗争，经马苏义、吕希超、贾奎来等几名党员商量，临时党支部又秘密地被建立了，由马苏义任书记。临时党支部成立后，立即在党员中开展工作，对表现好的党员，经个别谈话后再吸收到党支部中来，参加组织活动；对有问题的党员，则进行说服教育，期待其转变；对腐化变质分子不理睬，任其自行淘汰。经过整顿，恢复组织生活的党员有 10 名，党支部下设 2 个党小组。党小组组长是贾奎来和张俊二。为了壮大力量，临时党支部还同其他部队没在一起活动过的党员取得了联系，他们当中有：原五十九团供给处处长任学恭和卫生处政治指导雍梁栋、原决死二纵队八团二营副营长李育才、冀中军区译电员田玉中等。临时党支部经常派人和这些人员互通情况，交换意见。这些人员虽然没被吸收进组织活动，但他们对问题的看法和临时党支部是基本一致的。

党支部通过个别谈话与召开会议，认真总结了暴动失败的教训。大家深刻地认识到，这次暴动之所以失败，是由于对敌人的力量估计不足，对东北的情况了解得不够，没有看到敌人的强大、统治的严密、交通的方便等因素，错把东北当关内，以为只要进山行动就可以自如了。加之支部领导、党员和群众存在严重的急躁情绪，准备不充分，结果导致失败。暴动虽然没有成功，但它扩大了党的影响。

由于临时党支部的恢复，战俘劳工中很快形成了团结友爱、互相帮助的良好风气。暴动失败后，群众战俘劳工士气低落，有埋怨情绪，对支部组织的活动不感兴趣，有些人甚至感到厌烦。这时的临时党支部处于秘密状态，不能公开地向群众做宣传，所以只能由党员分头找群众，一个人一个人地做工作。尽管党员们想方设法找了不少人谈话，但仍有一大批群众思想上憋着股劲儿，转不过弯子，精神颓废。直至武治良饿死、李关生卧床不起、井下接连发生了几次事故，大家才感到死亡的威胁，才意识到不团结起来、互相帮助，就会大难临头。临时党支部因势利导，发动和组织群众开展互助活动。难友李关生患了皮肤病，病情严重，为了挽救他，党员们带头对其进行护理和帮助。贾奎来是童工，收入少，身体弱，处境异常艰难。为了保护这个小战士，党员们纷纷伸出友谊之手，在经济上帮助他，生活上照顾他，使他得以生存，免遭不幸。

随着砸死、砸伤、饿死、病死人数的不断增加，群众的反抗情绪也日益高涨起来。1942 年开春后，由于特殊工人挣的钱有限，不能添置换季衣物，大家仍穿着破烂不堪、不能遮体的破棉衣，弄得人不像人、鬼不像鬼。群众对此十分不满，怨气冲天。为了发动和领导群众开展斗争，临时党支部提出了“反对打骂争人权，反对饥饿争生存”的斗争口号，要求反动当局给工人增加工资，医治疾病，保障工人的生命安全，改变童工的号头。临时党支部提出的口号和要求得到了群众的拥护。临时党支部改变了斗争方法，发动党员和群众，每个人都向把头提出要求，迫使矿方接受工人的要求。由于把头根本没有把特殊工人当人看待，所以对特殊工人提出的要求毫不理睬。临时支部又组织大家到外面去打短工挣钱，以解决生活困难。

时值春耕大忙季节，附近农村急需劳动力，一个短工一天可以挣一元五六角钱，童工也能挣一元左右，比下井挣得多，而且能够当天付款。当时，敌人在对特殊工人的管理上有不少漏洞，只要这些特殊工人能请病假、事假休工，就能腾出身子偷着到外面去打短工。临时党支部先安排党员带头到外面打短工摸情况，总结经验后再带着其他战俘跟着去干。为了蒙骗管理劳工房的房长，使这项活动能够顺利进行，特殊工人们首先会给房长买一点东西，尽些小意思。房长得到甜头后，为大家大开方便之门，工人请病事假，他一般都会默许。这样，特殊工人们在外边打两天小工，再下矿井挖两天煤。房长见天天有人下井干活，也就没起疑心。工人们还有意把腿脚弄伤，从而不得不到医院看病，这样做不仅可以领取每天四角钱的伙食费，还可多请几天病假，到外面多干几天活。有些童工因敌人对他们管理不严，干脆不请假就到外面去打短工。

过了不久，特殊工人的活动被敌人发现了。有个把头提着马鞭子到大房子里追查，劳工吴炎清和他讲理，他抡起鞭子就打。大家愤怒了，夺下鞭子把这个把头团团围住，与其进行说理斗争，反对他打骂工人。后经房长出面，才解了他的围。从此以后，这个家伙不像过去那么凶了。

事情暴露后，房长也不敢轻易给工人假了，到医院挂病号也难了。尽管如此，在临时党支部的组织下，工人们仍然轮班到外面去打短工。不少人干脆什么假也不请，就到外面干活。把头来查房，工人们不是不照面，就是和他讲理。房长也顺情说好话，讨好工人，弄得把头左右为难，无计可施，只好去找日本管理人员。日方怕事情闹大了影响煤炭生产，被迫答应给工人提高工资，改变几个童工的号头，同意给工人治病，并送李关生进抚顺医院住院治病。特殊工人的斗争取得了胜利。

为了同抚顺的地下党组织接上关系，临时党支部多次派人到外面去寻找线索，进行联系。贾奎来经常提着装有烟卷、糖果之类物资的篮子，偷着出去做小买卖，东奔西走，到外探信。有人说他是小八路，他不加否认；有人和他搭话，他公开宣扬八路军抗战。虽然他到过不少地方，接触了很多人，但始终没有和地下党组织取得联系。鉴于这种情况，党支部决定还是应该组织大家逃跑，以期尽早回归部队去干革命，具体方法是把人员分散开来行动，两三个人结合在一起，各自想办法、找关系，准备好了就走。当时，只要特殊工人想方设法找到可靠的人，花一些钱，就可能被送出抚顺。到沈阳后，再买一张去山海关的火车票，就能进关。

临时党支部的决定宣布后，党员和群众分头做准备，他们一方面继续下井劳动，积攒路费，并麻痹敌人；一方面加紧了解情况，寻找关系。一次，贾奎来和田玉中去火车站探路，被敌人抓住了，坐了两天牢，被把头领回来以后又挨了一顿打，就是这样，他们还是不顾个人安危继续到外面找关系。经过努力，最后终于找到老虎台的一个老工人，此人姓鲁，山东人，他胆大心细，有一套送人的办法，但送一个人要 20 元酬金，除酬金外还需要路费。这些钱对被俘人员来说是一个很大的数目，个人是承担不了的。为了解决这个问题，党支部进行了研究，最后决定把大家挣的钱集中起来，按计划统一使用。

为了取得上级领导的了解和支持，使逃走的人员有着落，支部书记马苏义以行商的名义，给关内三分区首长孙定国写了一封信，告诉他自己在抚顺的生意做得很好，望来信联系。不久，孙定国以暗语回了信，指出部队仍然在原地活动，一切很好。1942 年冬，马苏义首先离开抚顺，为大家探路。他到达天津杨村后，就给临时支部写了一封信，指出可以按计划进行。随后，被俘人员有的化装成学生，有的化装成商人，陆续逃出抚顺。贾奎来和雍梁栋一起离开，到沈阳后干了一个月的小工，又遇见了李育才，他们三个人又结伴而行。因为搭车钱不够，他们就步行，沿途由贾奎来讨饭供大家吃，白天、藏在青纱帐里休息，夜晚朝着西南方向继续前进。越过层层阻拦，历尽千辛万苦，最后到达冀西山区，胜利地返回了部队。在此前后，临时支部组织党员三三两两地相继逃离抚顺炭矿，多数人都返回了部队，绝大多数恢复了组织关系。马苏义恢复关系后，担任了分区司令部的支部书记。

5. 沈阳监狱的斗争

南品、高光鉴和李新民三人承认暴动领导人的身份后，敌人按《暂行惩治叛徒法》的规定，于 1942 年 2 月和 3 月，把他们押送到沈阳检察厅。在关押期间，他们又秘密地建立了党小组，继续坚持斗争。为了摆脱困境，他们决定翻供，不承认自己是暴动的主谋，还把主要责任往死者王振身上推。在法庭上，他们大义凛然、慷慨陈词，把煤矿的恶劣条件以及特殊工人的悲惨遭遇揭露得淋漓尽致。他们说：“我们在煤矿是受不了那种苦、遭不了那种罪，才迫不得已逃跑的，但主谋是王振，是他命令和领导我们逃跑的。”法官于是让之前从三家子村弄来的几个人作证。

南品辩驳说：“我们是在三家子村出头露面过，但那是在王振的命令下行事的。王振是总头，他怎么能出来做那些跑跑颠颠的事情呢。证人看的是外表，不知道内情。我们在抚顺承认是暴动的领导人，那是因为受不了酷刑，屈打成招的。”

他们在法庭上说得滴水不漏，无缝可乘，弄得法官们瞠目结舌，无言对答。在此以后，又先后开了五次庭。南品等人不畏强暴，一直坚持说暴动的领导人是王振，不承认自己是行动主谋。法庭于同年 6 月，以有反满抗日思想和组织暴动扰乱社会治安的罪名，判处南品有期徒刑 7 年，刑满后转入劳动辅导营无期服苦役。判处高光鉴、李新民二人有期徒刑 5 年，刑满后进劳动辅导营服 10 年苦役。

判决后，南品三人被关进沈阳第一监狱。为了继续开展斗争，他们把党小组改组为党支部，由高光鉴主持工作，未确定谁是书记。监狱里关押着各种各样的人物，多系国民党人员，他们之中有不少日本留学生，这些人大都拿着蒋介石的国民党省、市党部书记长等空头“委任状”潜伏到东北，准备在日本垮台后当官。但由于他们争权夺利、互相残害，暴露了目标，因而被日军关进监狱。除了国民党人员外，还有不少“盗犯”，他们之中绝大多数是劳苦群众，出身都很好。经过分析和研究，南品等人决定把这些“盗犯”作为争取、教育和培养的对象，团结一切可以团结的力量，对敌进行斗争。为此，他们在狱中秘密地开展革命工作，宣传党的主张，宣传八路军在关内抗战的英雄事迹，讲八路军必胜、抗日必胜的道理和革命的前途。通过工作，不少人对共产党和革命有了新的认识，进步很快。他们积极靠近南品等人，其中有 17 人成了支部的发展对象。由于当时的条件所限，支部没有吸收他们入党，但后来他们之中的绝大多数人参加了八路军，不少人加入了共产党。

1945 年 5 月，在日本帝国主义投降的前夕，党支部以狱中的革命势力为核心，联合国民党人士，串通各牢房搞了一次暴动。由于组织得不够严密，牺牲了一些人，最后不幸失败。不久，支部又领导了一次暴动，虽然没有成功，但成功逃出去了一些人，给日本侵略者以有力的打击。1945 年 8 月，日军战败投降，但党支委李新民没有等到胜利这天，于 1945 年 2 月 18 日在狱中患病牺牲。苏军进入沈阳后，首先释放了政治犯，南品、高光鉴两人走出监狱，恢复了自由。

当时散落在沈阳的被俘人员很多，为了把他们集中起来，组织部队迎接八路军的到来，南品、高光鉴等人以收容八路军被俘人员为名，成立了“被俘军人收容所”，并利用沈阳日本辅导学校写了布告，通知八路军被俘人员前来报到，以便重返部队。在支部的领导和苏军的帮助下，不到 10 天就组织了一支2 000余人的队伍，其中八路军被俘人员占

1/3，不久，抚顺、本溪等地的被俘人员也前来投奔。

当时，国民党也在沈阳大肆活动，招兵买马，扩充势力，与共产党争夺群众、争夺政权。为了加强党的领导，加快扩军速度，南品、高光鉴等人经过研究，决定扩大党的支部组织，增补由本溪来的刘嘉、韩凯为党支部委员。支部的分工是：南品负责军事工作，高光鉴负责政治工作，刘嘉、韩凯负责扩军工作。党支部的主要任务是：争取时间，扩大队伍。支部共计有140余名党员，尽管这些党员还没有被审查，都是互相认识而提出来的，但他们的热情很高，工作非常积极。在党支部的领导下，经过全体党员的共同努力，队伍很快地扩大到了四五千人。这支队伍在当时为配合苏军维持沈阳社会治安做了大量工作。1945年9月，冀热辽十六军分区司令曾克林、政委唐凯率部队到达沈阳，高光鉴闻讯后，立即到东站进行联系工作。曾、唐二位首长接见了他，把他们组织的队伍编为特务一团，并任命高光鉴为团政委，南品为团长。从此，南品、高光鉴等人便在鲜艳的军旗指引下，踏上了新的征途。

在抚顺炭矿，日本投降后，各矿日伪人员纷纷逃离，特殊工人则以煤矿主人的身份组织队伍，保护矿山。在露天矿，刁志诚、党如华组织了500人参加的工人队伍，后和龙凤矿等地的工人队伍合编成一个炮兵团。在龙凤矿，遭受敌人矫正辅导院残酷迫害的宋日昌等人，也成立了一支500人的工人自卫大队，后和大山、东乡两处的工人紧密联系，互相配合，奉命开赴沈阳，编入二十一旅六十一团，宋日昌担任了团长。在老虎台矿，特殊工人成立了护矿队，保卫矿山，开仓放赈，先成立了400人的抚顺治安大队，后改编为东北人民自治军。一大批战俘劳工重返部队，参加了解放全国的伟大斗争。

十、太原战俘在“北满”

1. 闷罐车里的六昼夜

正如前文提及的，1943 年初春，就在孙雨亭、彭梦庾、张冶等人刚从教化队被押回不久，一天早晨，战俘营的日军突然冲进战俘大院把全营的八路军战俘集合起来，从年轻的和身体较好的八路军战俘中挑选了 500 人押出战俘营，奔向太原小东门外的火车站。因为日军的行动来得突然，集中营秘密支部根本来不及准备，秘密支部的彭梦庾、张冶和一些熟悉的党员被挑上了，而支部书记孙雨亭却没被挑上。彭梦庾等人只能随机应变，在行进途中他们用点头、使眼色的方式打招呼，慢慢靠在一起，悄悄进行商量。一进站台，他们便看见火车头朝着北方。彭梦庾心想，火车要向北走，这下可要走远了。为了便于活动，上车时，特别支部的委员和几个八路军党员挤进了同一节闷罐车。

日伪军走下火车，锁上了车门，火车就开动了。闷罐车厢里只剩下战俘，彭梦庾和张冶把几个共产党员叫到一起。彭梦庾首先发言：“同志们，从今天日军押送我们的阵势来看，这次要去的地方可能很远，我想不是日本，就是东北。

如果真是这样，那将是九死一生，与其被鬼子整死，不如和他们拼了……”

彭梦庾话音未落，车厢里就嚷嚷成一片。

“和小日本拼了，杀一个够本，杀两个赚一个。”

“死在鬼子的地方上，还不如死在自家的土地上。”

“首长，我们都是八路军，你说怎么干，我们就怎么干！”

彭梦庾示意大家安静下来，“很简单，在路上只要有机会，我们就暴动，当然，没有计划我们也不做无谓的牺牲。现在就开始做准备，还要想法同其他车厢的同志们联络，如果有机会暴动，最好一块儿干”。但由于火车开动后的嘈杂声很大，两节车厢间的距离也很大，他们根本无法同其他人取得联系。

火车一直向东北方开进，天气越来越冷。一路上所有人的大小便都在车厢里，使得空气臭浊污秽。污浊的空气再加上寒冷和饥饿，疾病开始蔓延。不少战俘病倒后再也没能爬起来。日伪军押运者只有到了大站才会装备荷枪实弹，一个车厢、一个车厢地打开门，送点窝头，倒倒粪桶，把死尸抬下去，根本就没有暴动逃跑的机会。悲观情绪在车厢里蔓延着，有的人暗地里哭泣，有的则对鬼子骂骂咧咧，但求速死。彭梦庾和张冶感到身上的担子很重，他们认为党员应该站出来，把生死置之度外，帮助大家振作精神，把这几百名战友团结起来同敌人斗争到底。于是两个支委和几个党员分头对同一车厢的难友做工作，以稳定大家的情绪。好在大家都是八路军官兵，均不同程度地受过革命教育，有一定的觉悟和纪律，经过相互谈心，大家找到了依托，又恢复了斗争的决心。

火车继续向东北前行，停停开开，走了六天六夜。天气越来越冷，生病的人也越来越多，彭梦庾也病倒了，连续高烧了4天。火车终于在一个冰雪覆盖的荒原小站停了下来。从太原出发时的500多人到这里只剩下400多人，而其中有100多人都是病号。经过六天六夜的折磨，战俘们刚下车时都难以站立。从车站到住地，还得在冰天雪地里行走30多里。日军开来几辆卡车，让病重的人坐卡车走，当时有30多个病号爬上了卡车。彭梦庾虽然高烧多日，身体虚弱，站立困难，但为了不和同志们分开，他坚持不坐汽车，由几个同志搀扶着在雪地里蹒跚前行。他们空着肚子走了将近一夜，累出一身大汗，可是谁也不敢坐下来休息，只怕坐下来就再也站不起来，而且担心敌人知道后会被拉出去活埋。好不容易走到住地，大家顾不上饥饿，倒头便睡，彭梦庾一头钻进草堆里，同战友挤在一起睡着了。一觉醒来，彭梦庾自觉神清气爽，病竟然好了。可那些坐汽车的伤病员，却没人再看到。后来听其他人说，日军怕疫病传染，把那些病号都活埋了。直到这时，他们才知道他们脚下的这块土地叫虎林。

2. 在虎林军事要塞

虎林，当年是黑龙江省的一个小镇，紧靠乌苏里江中苏边界，是远东地区的一个军事重镇。为了防御苏军的进攻，日军动用了十几万名中国劳工，从1934年到1939年，耗时6年在该镇的猛虎山修筑了一个庞大的防御工事。正面宽十几公里，纵深30多公里。守备兵员最多时有12 000人，储备的给养够10 000人用3个多月。虎林要塞一度为日军最高的军事机密，修筑要塞的战俘劳工在核心工程完工后都被日军秘密杀害，有的借慰劳之名在会餐的食物里被投毒至死，有的被机枪扫射后掩埋。

彭梦庾等人到达虎林时，虎林要塞的主体工程已经完成，但其配套工程、辅助工程，如铁路、公路、机场、仓库、营房等，仍在继续。同时每年还需要大批劳工来维修和保养。因此在彭梦庾这支劳工队到来前，曾有一个劳工营，驻扎着600多名国民党中央军战俘，是中条山战役后从山西太原等地押来的战俘。八路军战俘劳工队到达后，日军把两支劳工队的1 000多人合并在一起，分为三个大队，一、二大队600多人为国民党战俘，三大队为八路军战俘。劳工营总队长为国民党中央军的少将军官，其余大小队长都是国民党被俘军官。有一个中队的日本兵负责看押战俘，监督施工。

劳工营坐落在虎林县的一片荒甸草原上，周围没有村庄和人家。劳工营房是临时用芦席搭建而成的，四面透风。这里是沼泽地带，夏天蚊蝇成群，昼夜叮咬，痒痛难耐；冬天寒风刺骨，仅靠工棚两头各烧一个小火炉取暖，根本抵御不了东北刺骨的寒风。这支战俘劳工队的主要任务是修公路和修工事，白天在日军的监视下从事繁重的劳动，晚上则被赶进工棚不准外出；小便只能使用工棚里放置的两个尿桶，大便需向队长报告，得到允许后才能出去。

劳工营的伙食恶劣至极，每顿饭只给喝两碗发了霉的高粱米粥，出工时的中、晚饭增加两个不到一两的掺有橡子面的玉米窝头，根本吃不饱。生了病，不仅不给医治，连加发的窝头也没有了。如果不能自愈，只能等死。战俘除了遭受日军的残酷虐待，还要遭受国民党战俘队长和日伪包工头的盘剥和克扣。劳工营经常闹疫病，每天都要死几个人。这个劳工营的1 000多名中国战俘，在虎林做了一年的苦役后，几乎死了一半人。

这支劳工总队的国民党战俘军官，开始时经常欺负八路军战俘。队长一集合训话，就骂共产党八路军，冷嘲热讽，指桑骂槐，同时让八路军战俘干最脏最累的活，如抬死人、淘厕所等。彭梦庾等人一到虎林，立即恢复了党的秘密组织，成立了以彭梦庾为支部书记，张冶、井金贵为支委的地下党组织。面对民族矛盾和阶级矛盾混合在一起的复杂环境，他们采用了新的斗争策略：实行长期隐蔽、潜伏，保存实力，等待时机发动武装暴动，建立队伍去寻找抗日联军；在敌人后方建立抗日武装，开展敌后游击战。

他们首先团结了劳工营的几百名八路军战俘，同时坚持统一战线的思想，争取团结国民党军的被俘士兵，孤立少数仇视八路军、虐待打骂战俘的队长。刚到虎林时，八路军战俘在生活上受虐待，肉体上受摧残，发病率、死亡率非常高，战俘内部也人心涣散、悲观失望。针对这种情况，秘密支部努力了解外面的情况，了解抗战的形势。他们让大家把日军丢弃的报纸捡回来仔细研读、揣摩，从中分析战争的进程和重大事件，如希特勒被刺、意大利反动政权垮台、苏联红军在苏德战场上向前推进、日军在太平洋战场上的失利等，并及时向大家通报。

由于战局不利，原来监视战俘劳工的日军中队 100 多人只剩下 80 多人，而且不是新兵就是老弱病残。日军的伙食也越来越差，经常有日本兵到劳工伙房找东西吃。秘密支部让懂日语的战俘同日本兵接触，发现日军内部存在着严重的厌战情绪和恐惧苏联的心理。一说起家乡，日本兵常望着远方，哀叹流泪。有的日本兵指着苏军的防地说："那边的大鼻子的地方，他们的过来，我们死拉死拉地。"还有的日本兵对中国战俘说："不久的，我们的换了，你们背枪的干活，我们苦力的干活。"秘密支部就抓住这细小的变化，用闲谈的方法宣传敌人必败、我军必胜的信念，进而稳定了人心，鼓舞了士气。同时，还向劳工们宣传日苏必有一战的信息，号召大家做好准备，等待时机准备暴动。

经过半年的努力，虎林劳工营的形势发生了重大变化，在生死线上挣扎的战俘们看到了生的希望，恢复了信心。秘密支部号召被俘党员以身作则，团结争取广大群众。日军强迫战俘修公路时，起先是按小队划段施工，不管干完干不完，到时间就收工。秘密支部就组织战俘怠工，敌人来了就干几下，敌人走了就休息。开始的时候，国民党军官大小队长还吆喝几声，而在大家的讥讽笑骂中，他们也只好装看不见，不管了。因此，日军的工程进度明显放慢了。后来，日军按人分段包干，每个战俘都必须完成一定的定额，一个人完不成，全队不许收工。这下可苦了体弱有病的战俘，完不成任务不仅会受鬼子、工头的打骂，不给饭吃，连同队的人也责怪他们。根据这个情况，秘密支部放弃了怠工的办法，号召党员骨干在完成自己的定额后，帮助体弱有病的人，这样一来就感动和争取了一大批人，把更多的人团结在秘密支部周围。针对战俘劳工生病了不但得不到治疗，还不给饭吃，进而加速了战俘死亡率的情况，秘密支部号召党员骨干每人每天节省半个窝窝头接济生病的战俘，进而受到战俘们的一致好评。这一系列举动，使国民党士兵认识到共产党八路军是真正为大家着想的好人，讲义气、够朋友，给了他们从未有过的温暖。尽管如此，虎林劳工营的死亡率仍然很高，一年后，战俘劳工由最初的1 000多人仅剩下了500 人，死亡率超过 50% 。

3. 从“北满”到“东满”

1944 年春天，日军将这支劳工队转移到伪满洲国东安省的客山县，修筑客山县到勃利县的公路。这里是山区，崇山峻岭，树密林深，是个打游击的好地方。因而一到驻地，大家再次燃起了组织武装暴动、建立敌后游击队的愿望。秘密支部认为，欧洲战场的战火已经烧到德国的本土，日军在太平洋节节败退，欧洲战争一结束，苏联红军必然要出兵东北，这时组织暴动必有成功的希望。眼下的主要任务，是加紧准备工作，但战俘的情绪却不允许他们等待。

敌人越接近灭亡，对战俘的劳役就越加繁重，虐待也越加残酷。战俘患病和死亡的人数也与日俱增，战俘们实在熬不下去了，想逃跑的人越来越多。有个八路军战俘流着泪对彭梦庾说："我们一直听你们的话，等待，等待，何时是个头啊！与其在这里坐以待毙，不如以死相拼，打死一个不亏，打死两个有的赚！"战俘中的冒险情绪越来越重，如不及时引导，就会影响全局。秘密支部也召开了几次会议，但难以统一认识。支委井金贵认为武装暴动的时机还不成熟，理由是：虽然敌人败局已定，但还没有宣告失败，在东北的势力还很强大，暴动出去生存很难；日苏战争必然暴发，但很难确定时间，暴动出去要找的抗日联军在哪里，能否找到没有把握；最稳妥的办法是说服大家继续等待。彭梦庾和张冶认为井金贵说的确实是事实，但战俘的抗日情绪和忍耐力已到了顶点，大家急不可耐，很可能有激进分子撇开秘密支部去冒险一拼。说服战俘继续等待的可能性已经不大了，只有主动领导暴动一条路可走。经过多次研究，最后，秘密支部统一了认识，决定提前举行武装暴动。只是把原计划的全体劳工营暴动，缩小为以八路军战俘为主的一个大队暴动。暴动时间定在1944年农历八月十六，就是想利用八月十五中秋节休息以做好充分的准备。

东北地区的深秋，早晚气温已经很冷。战俘们为了不引起敌人注意而在暴动那天多带些衣服，头几天出工时就穿上了棉衣棉裤，披上了军毯。同时加强了对日军的观察。劳工队周围到处是日本军队，还有日本"开拓团"，所以看押他们的日军也很麻痹，每个战俘大队只由日军一个小队看押，每个日军士兵的子弹盒里只有两排子弹，而且子弹不上膛，枪不上刺刀。在日本军营当仆役的战俘把这些情况掌握落实后，还偷出了一些子弹。

1944年的中秋节终于到了，这天，战俘劳工们放假休息。秘密支部直到这时，才把暴动时间秘密传达给40多个党员和最可靠的积极分子。并具体商定，暴动这天干活要拖拉些，尽量把收工时间拖得晚一点；由彭梦庾从施工工地的一头走到另一头为准备信号，以彭梦庾高举铁锹，大喊一声“干!”为行动信号。同时明确了暴动时的具体分工，由三个战俘对待一个日本老兵，两个战俘对待一个日本新兵；听到信号后，大家一起动手，给敌人以突然袭击，打死看押的日军士兵后带上缴获的武器弹药，把队伍拉到事先勘察好的山头。

由于三大队的战俘都是久经沙场的八路军官兵，得到即将暴动的消息，情绪突然高涨。没有得到通知的人也看出点苗头，纷纷交头接耳，也预感到要有大事发生。大家个个摩拳擦掌，等待着第二天的到来。这时，日军依然没有察觉，可是国民党军官和工头们却嗅出了异味。中秋节这天，他们对八路军战俘特别客气，由劳工营总队长出面，各大队长参加，请张冶去吃饭，吃饭时一再向张冶表示：“我们都是中国人，都是炎黄子孙，谁也不愿意做日本的奴隶。我们可要共患难、同生死。”并提出要和张冶磕头拜把子，结义金兰。彭梦庾所在队伍的小队长，也请彭梦庾和几个八路军俘虏共进中秋晚餐，一面吃饭，一面讲交情。张冶和彭梦庾只好装着糊涂，胡乱应付一番。

4. “东满”游击队的夭折

1944 年农历八月十六，虎林战俘劳工营三个大队像往常一样，分别由日军三个小队押到三个不同地点劳动。这天，以八路军为主的第三大队 150 多人几乎全出工了，押解他们出工的日军小队有 11 人，由一个日军中士班长带队，可是他没有带枪，只在腰间佩了一把刺刀，其他 10 人都是“三八式”步枪。第三大队队长是国民党军官，姓高，和全队战俘劳工一块儿出工。

施工地点离劳工驻地有三里多地，傍山近林，地形很好。这一天的劳动仍是修路，战俘劳工们懒洋洋地消磨着时间，从早上到下午，并无异样。可接近傍晚时，气氛就不同了，一些战俘劳工开始精神紧张，交头接耳，穿来穿去。高大队长感到气氛不对，没等彭梦庾发出信号就突然吹哨，宣布紧急集合，收工回营房。这一声命令，把秘密支部的计划打乱了。在返回营房的路上，人群开始乱了。党员骨干们纷纷靠近彭梦庾，问他接下来该怎么做。支委和党员骨干们不知道是有人告发，还是什么原因，但是他们意识到如果一回到营房，暴动计划肯定会暴露，150 多名难友的生命也很危险。情急之下，彭梦庾下定决心，他向张冶、井金贵等人使了个眼色，心领神会的委员和骨干又悄悄散开。见自己的人大部分到位后，彭梦庾大喊一声“干”！靠近日本兵的战俘们一拥而上，铁锨、铁锤、斧头，一齐砸向敌人，只有走在最前面的中士班长反应快，头上挨了一铁锨后负伤逃跑，其余的10人都被打死，还缴获了10支步枪和一些子弹。暴动时除少数人没有跟上跑散了，其他130多人都按原来的计划到指挥地点集中。高大队长被这突如其来的行动吓蒙了，独自坐在公路边大哭大喊：“你们跑了，我可咋办啊？”但没人理他。在这批人中，还有十几名国民党中小队长和一些表现不好的人，平时八路军战俘常常受到他们欺压，这时一些人提出把他们也杀掉。彭梦庾制止了这一举动，并把这些人集合起来说：“你们在劳工营欺压同胞是助纣为虐，是汉奸行为，希望你们以后不要再做有损中国人良心的事。现在我们自由了，但还没有完全脱离险境，今后的苦日子可能还很长。愿意抗日的可以跟我们一块儿走，想回家的可各奔前程。”秘密支部当场遣散了几十人，把剩下的90多人改编为“东满游击队”，彭梦庾任队长兼政委，并指定了班排负责人。随后，即迅速转移，向林海深处走去。在此后的几天里，他们昼伏夜出，同日军兜起了圈子。

战俘劳工的暴动，出乎敌人的预料，日军出动部队和开拓团，在山林里设卡搜索，出动飞机在森林上空搜索，但因山深林密，找不到“东满游击队”的影子。刚刚暴动的几天里，作为支部书记和游击队的负责人彭梦庾七天七夜没有睡一个囫囵觉，转移的途中虽然没有遇到日本正规军，但在边境地带同日本开拓团有过几次遭遇，“东满游击队”俘虏了一些日军侦察人员和开拓团武装，对其审讯后就地进行了处决。

东北的冬天来得早，特别是林区，很早就开始降雪，“东满游击队”在茫茫林海里活动了一个多月，每天都要面对又饿又冻的威胁。寒气穿透了他们单薄破烂的棉衣，破旧的军毯披在身上也抵御不了严寒的侵袭，冻得人骨头痛。一个多月以来，游击队没有吃过一顿热饭，只能捡些生玉米、生大豆吃，有时只能捡来蘑菇、木耳、野菜、树叶充饥。最令人担心的是想要找的东北抗日联军毫无踪影。游击队试探着向周围几个方向探索一条路线，但都没有成功。后来想找一个山村悄悄隐蔽或分散潜伏，熬过冬天再集中打游击。就在主意未定、犹豫不决时，他们来到了黑龙江的习村地区。这里是大森林的边缘，从山上往下看是一块盆地，村、屯稠密，炊烟缭绕，庄稼地里干活的人不少。

游击队刚露行迹，就被敌人发现，日军和开拓团很快围拢上来。敌强我弱，双方交火时间不长游击队就被打散了。他们被迫走上了分散突围、自找门路的道路。

在分散突围中，彭梦庚、张冶带着三个战士，和两条没有子弹的步枪，又回到大森林里转了好几天，最后才下定决心埋枪下山，冒充被日本人从关内抓来的老百姓，向群众求助。在中苏边境地区，日军采取了“集家并屯”政策，农民只有在播种或收割庄稼的时候，才允许在家干活，但晚上必须回到屯子里。彭梦庚等人先在山边找到一户穷苦人家，说明情况，讨到一顿南瓜豆包饭，又在这个村民的指引帮助下，乞讨到依兰县道台桥村刘油坊屯一户大地主家，为其打短工，暂时隐藏下来。直到 1945 年 3 月张冶给家中人写信，家里才变卖家产，花钱托一位来往于关内外的商人打点疏通各种关口，救出了张冶和彭梦庾。他们辗转东北回到华北，最终才抵达冀中老家赵县，由地下党护送到北方局。书记邓小平和组织部长刘锡伍等领导，亲自听取了彭梦庾、张冶被俘三年的汇报。邓小平书记还向他们详细介绍了国内外形势。休息几天后，北方局派人护送他们从华北去陕北，在去延安的途中，他们终于听到了日本投降的消息。1945 年 8 月 23 日，他们踏上了延安的土地，来到了革命的圣地，在最艰难时期都没掉过眼泪的彭梦庾此时却热泪盈眶。在中央组织部报到后，他们见到了从太原战俘营逃回根据地的秘密支部的支部书记孙雨亭等人。1945 年 10 月 11 日，为了抢占东北，他们又离开延安，踏上了挺进东北的征途。

十一、太原战俘在日本

第二次世界大战后期，日本军国主义为弥补其国内物产及人力资源的匮乏，采用“以战养战”的政策，通过种种残酷、卑鄙的手段，对中国的物资和人力进行疯狂掠夺，先后将40 000名中国战俘劳工强掳到日本本土从事无偿的劳役，造成大批战俘劳工伤残和死亡。从太原战俘营押往日本以及山西籍的战俘劳工约612 人，约占掳日劳工的1.9%。他们的人数不多，但同其他战俘营的战俘劳工一样经历了非人的生活、繁重的劳役和死亡的痛苦。在这里，我们追溯一支从太原战俘营强掳的劳工队，讲述他们在日本长野、群马服役的苦难经历，人们可从中感知中国战俘劳工的血泪史。

1. 从曲沃西大狱出发

卫金中，家住山西省襄汾县永固乡家村，17 岁参加抗战，在共产党领导的山西决死纵队二〇三旅下属一个营部当勤务兵，后因掉队与部队走散。原吉寿，家住山西省襄汾县永固乡永固村；赵子清，家住山西省新绛县三泉镇。1943年，他们三人先后被阎锡山管辖的曲沃、翼城、绛县三县国民兵团抓去充军。这是一支地方抗日武装，说是一个团，实际上只有 75 个人，而且多数是刚被抓来几个月的年轻人。部队驻扎在曲沃县塔儿山上。农历七月二十，副团长带着 60 多个人去南山催收粮食，返回时在曲沃县南、西上官村遭到日本警备队的伏击。因为他们用的枪全都是阎锡山土造的 79 式步枪，打一两枪就卡了壳，部队很快失去了战斗力，结果 60 多个人全部被日军俘虏，押送到曲沃县城。从此开始了他们长达三年的战俘生涯。

曲沃县西大狱，里面由中国人看守，外边有日本人把守，日伪军随时包围着他们，根本跑不了。一天两顿饭，每顿两个玉米面窝头，吃不饱，也没有菜。战俘的工作就是每天轮流推石磨磨面，既要解决战俘的食用量，又要充分满足日伪管理人员的食用需求。他们在曲沃县西大狱待了 7 天，每天都推磨，谁推磨给谁馒头吃。

在监狱关押 7 天后，日本警备队把他们捆绑起来，每 10 个人捆一条绳子，坐一辆马车。在日伪军押解下，西行 25 里地押到侯马火车站，赶进了一个“闷罐子”车厢。

人多车厢小，根本装不下。日本警备队逼着他们硬挤进去，用铁丝把车厢门从外面拧住。晚上九点钟上的闷罐车，没等到半夜十二点，人们的哈气就使车顶上开始滴水。火车走得很慢，约半夜时才到了介休火车站。火车停了半天，日军也不让战俘们下车放风。

第二天中午，太阳晒得车厢内像蒸笼一般，热气腾腾，车内的人浑身淌水，呼吸困难，他们用力敲打着车厢木板，大喊：“快开门！救人啊！……”车站上巡逻的日本警备队人员视而不见，置若罔闻，既不开门放风，也不给水喝。

火车上闷得不行，卫金中在车厢西北角坐着，他用剃头刀在车上凿了一个小洞，用于呼吸空气，十几个难友也挤了过去，分一点凉气。原吉寿坐在东边的门口，同村的鲁喜成坐在西边门口。鲁喜成也在门口处挖了一个窟窿，车厢里吹进一丝凉风，他便喊原吉寿：“四叔，四叔，你来，你来吧，我在这儿挖了一个窟窿，可以呼吸一下新鲜空气。”原吉寿挤过去一看，那个窟窿只有苍蝇般大小，可是却有十几个脑袋都等在那里。原吉寿说：“这么大点的窟窿，这能吸什么新鲜空气呢。”于是就头朝北、脚朝南躺在车底板上睡着了。当他醒来的时候，身体两面已经都是死人了。

直到傍晚时，日本警备队才打开车门检查了一下，发现有 40 个人被活活闷死。这些人死后很快腐烂膨胀，拉一下胳膊上的皮就脱了下来，并且散发出十分难闻的气味。日伪人员把没死的几十人换到另一个车厢内，把死去的人摞在一起，用帆布盖上，火车开动后继续北上。

天快亮时，火车到达太原。劳工们在清理死人时发现有一个人还活着，是新绛县乐义村的张克中。张克中侥幸起死回生，但其他 39 人却没能再睁开眼睛。这些尸体从车站运到太原南门外一个破窑洞里，像垛麻袋一样垛在了窑洞里。原吉寿、赵子清看着自己的战友、乡亲就这样死去，心中充满着说不出的愤怒和悲伤。

2. 战俘营里的苦难

被押进太原战俘营后，他们住的是木头房子，约半米高的床铺，没铺的没盖的，穿的衣服都被收走了，换成病号的衣服。一天两顿饭，一顿一碗小米饭，晚上没有食物。有一次吃饭时，少了一个人，大伙都不能开饭。经过查找发现，那个人因为生病绝望，跳厕所自杀了。

刚到太原时，日本人每天从战俘们的胳膊上抽血。一天，卫金中问一个老俘虏："什么时候不再抽血了?"他说："等什么时候再抓来新人了，就不抽你们的血了。"后来，卫金中和席良义（玉）等人有一天被派外出劳动拉石灰，回来以后就没有再被抽血。过去一问，原来日军真的又押来了一批新俘虏。

战俘病号不能干活，日军就让他们抓跳蚤、抓虱子，抓到后装进玻璃碗里，利用战俘养虱子。日军还让战俘把一瓶瓶的虱子倒过瓶口扣在胳膊上，用绳子捆住，让跳蚤、虱子吸人的血。等一瓶虱子吃饱了，再换一瓶。然后把吸过战俘鲜血的虱子、跳蚤送到日军的细菌部队，用以制造生物武器。许多人被虱子咬得头晕目眩、恶心呕吐、浑身无力，像得了一场重病一样。赵子清在太原集中营住了 20 多天，就喂了 20 多天虱子，饱受了当战俘的痛苦。

张天惠，四川人。被俘前是八路军一二九师三八五旅十四团特派员，1943 年在河北省邢台县浆水镇抗大华北分校学习时，上级决定送他去延安抗大总校深造。当行至山西省和顺县羊儿庄，通过 40 公里敌占区时，他因身上多处负伤尚未痊愈而行走困难，被组织安排在一户农民家暂住时被日军俘虏。日军把他毒打了一顿，遍体鳞伤后又五花大绑。他和同时被俘的官兵、民众被日军押着，先送到榆次监狱，再送到阳泉监狱，最后送到太原战俘营。因为连日捆绑，不给饭吃，又遭毒打，途中几次摔倒，如果不是同行的难友把他拉起来，可能他早就被日军打死了。

太原战俘营的日军对战俘极为残酷，稍不如意便严刑拷打，不是打死就是打残。中国人在他们眼里不如一只蚂蚁。有个战俘随地吐了一口痰，被日军士兵看到便遭到拳打脚踢，强令其把地上的痰吃掉。他无奈地把痰吃了，日本兵仍不满意，又是一顿毒打。

张天惠的身体极度衰弱，一进战俘营就生了病，后来发烧昏迷。日伪人员说他死了，就把他拖进了放死人的停尸房。夜间天凉，他清醒过来，向四周一摸，发现地上挺的都是死尸，他猛地一惊，吓出了一身冷汗。待头脑清醒一些后，他便慢慢爬出了停尸房。天还不太亮，他找到水池喝了大约两碗水，才有了一点精神。后被难友发现，把他送回了原来住的囚室。

一天，张天惠在院里遇见了战友李镜新，难友相见，向隅而泣。李镜新是河北束鹿辛集人，当时在三八五旅十四团当青年干事，于武乡战役被俘。关进太原战俘营后，在战俘营院里卫兵班当卫兵，行动有一点自由。李镜新看到张天惠身体衰弱，便找炊事班要了一个馒头，偷偷送给张天惠吃。

并告诉他，炊事班班长名叫张光耀，是陕西人，原来在十旅卫生处当指导员，是共产党在战俘营的秘密负责人。李镜新向张光耀介绍了张天惠。不几天，张光耀便把张天惠调进了炊事班，那里全是八路军的被俘人员，但都没有暴露自己的真实姓名和身份，彼此知道是同志，其他情况一概不问。

太原战俘营的外部由日军看守警戒，内部只有少数日本兵巡逻，他们全副武装，隔一两小时在战俘住的营院里巡察一遍。各囚室由指定的俘虏卫兵管理。李镜新也是被指定的卫兵，每当看见日本兵走过来，他就会故意大声吼叫着“不准动”“老实点”，做出很严厉的样子。日本人一过去，他对自己人的态度便缓和了。张天惠在炊事班待了一段时间，身体恢复了一些。这时，日军又在战俘营里挑选了300多名八路军战俘成立新的教化队。这次的教化队设在工程队院内，日军划出一块地方供教化队活动。张光耀被指定为队长，下设几个班，伙食比工程队略好一点，张天惠仍在伙房，但和其他人员一样排队分饭吃。每天活动内容是：学日语、上操、劳动，并给每人照了相，编了号。过了一个多月，战俘营要外送劳工，教化队的300多人被押上了装煤的闷罐车。战俘劳工一上车，日军就从外面把车门锁死了，一直拉到塘沽车才停下。

3. 从太原到塘沽

原吉寿、赵子清这批战俘被押到太原战俘营时，里面已有90多名被俘虏人员在押，他们去后几天，敌人又押来200

多名八路军战俘，战俘营人数一度达到330多人，因为大家穿的衣服破烂不整，日本人称他们为“叫花子队”。

不久，听说日本人要组建一支工程队，配合日军攻打南山，原吉寿心想着南山离家很近，开个小差就能跑回去了，于是希望能进入工程队。但是，第一次没有挑上他，因为他年纪小、身体弱。到了晚上，被选的人病了几个，人数不够了，劳工队又开始挑人，原吉寿忙赶去希望被挑。队长让他跑几步看看，战俘营发的鞋太大他穿不上，于是就脱了鞋，光着脚丫跑。队长看过他跑，还算满意，说了句“能行”。听到这话，原吉寿心里很高兴，想着总算可以离开这个人间地狱了。但他没想到的是，挑选的劳工不是去南山，而是去日本。

很快，劳工队就出发了。战俘劳工被赶进几节闷罐车，每个车里抬进一个大缸，供战俘劳工解手使用。车门外面用铁丝拧着，整个车厢只有一个小窗户。日本兵在另一个车里押着他们，不到站就没人管。上火车以后，他们猜测着火车是往南走，还是往北走。大家议论着，往南走就好了，往北走就倒霉了。但火车路过石家庄后一直往北开去。到北京车站时，火车停了一下，接着又向东走。到天津站没有停，一直开到塘沽。车上没有吃喝，空气很不好，战俘劳工马海生当时昏迷了过去。难友们以为他死了，就把他抬到大小便的地方扔着。他却躺着做梦，梦见自己碰到一个老乡，央求人家给口水喝。醒来一看，身上都是屎尿。别人都奇怪，死人怎么能复活？原来是别人撒尿溅到他嘴里，流到他身上，尿水促使他醒了过来。

为了等船，他们在海边的塘沽战俘营住了7天，日本人就像圈鸭子一样把他们圈起来，关进几栋木板房。半米高的木板铺，两排对面大通铺，一间房子住100多人。一进了那个门，就不让人出去。敌人晚上抬进来两个大缸，不管大小便都往里面解。在塘沽时，每人发了一床白被子和一身黑衣服，但晚上睡觉时要把衣服收走。白天有衣服，没有被子；晚上睡觉有被子，没有衣服。看守都拿着一米多长的棍子，手抓的那头是圆的，打人的一头是方的。睡觉时如果谁有点动静就打谁，一翻身就给你一棒子。睡觉也不能睁眼睛，否则就会挨打。

吃的是杂面窝头。一天两顿饭，一顿一个。喝的是海水，咸咸的不好喝。外面有电网，电网外面就是海，海水也很深。一般情况下人是跑不出电网的，就是跑出去也无法从海里逃走。有一个逃跑的劳工被敌人抓获后扔到海里，塘沽本地人把他捞上来时还没有死。但是，最后还是被闻讯的日本人用刺刀刺死了。

运送劳工的轮船终于来了，这天傍晚，原吉寿这批战俘劳工在日军警备力量的押解下，被带到海边，大队长说："同志们，你们知道到哪儿去吗？"

大家："知道。"

大队长："知道就上船，走。"

那时，大家估计是到朝鲜，没想到是去日本。

与原吉寿、赵子清所在的劳工队相比，张天惠所在的劳工队没有在塘沽战俘营的苦难经历。他们坐的火车开到塘沽后，一直停靠在海边的铁路线上。停了半天多，大约半夜以后，日军命令他们一个一个走下车，由日本士兵押着登上停靠在海边的轮船，直接进入轮船的最底舱。全部上船后，他们听机器响声，便知道船开了。但船离海岸不过三五里又停了下来，日军士兵喊叫着命令中国战俘都把衣裤脱下，赤身裸体地睡觉。日本的押送人员住在上一层，把守着底舱的出口。据说这次上船的战俘劳工共700人。

4. 血泪洒长野

轮船在海上行走了七天七夜，最后停靠在日本门司港。日军把他们赶下轮船，警察命令他们把衣裤鞋袜脱下来拿去消毒，又叫他们洗澡消毒后穿上自己的衣服，又用小船送到下关码头登陆，把他们带到一个大房子里重新进行编队。原吉寿所在的劳工队同张天惠所在的劳工队混编在一起，这300多名战俘劳工被编成1个大队、3个中队、6个小队、12个班。大队长是八路军战俘张光耀。3个中队长，一个是阎锡山部队的军官，一个是八路军战俘，再一个就是张天惠，此时他的化名由张吉安改为张南。

第三天，他们由下关坐上日本的三等火车，坐了三天三夜，到达日本北部长野县上松火车站，又乘小火车抵达山岳村，来到山岳村御岳发电所的建设工地。战俘劳工的主要任务是人工开挖隧道，引来山上的水，通过隧道出水口，利用100多米的落差来进行水力发电。承包御岳等发电工程的有日本株式会社鹿岛组、间组、飞岛组、熊谷组、大成建设等日本土木工程企业。鹿岛组强掳的中国劳工有 3 个大队共 700 多人，其中由石家庄战俘营押来的约 300 人住在山上，由洛阳战俘营押来的约 200 人住在半山腰，由太原战俘营押来的约 300 人住在山下。

山底下有一条干河，太原来的战俘劳工宿舍就建在河边上，都是用木板茅草盖的房子。每个中队各住一个简陋的草棚子，周围拉了铁丝网、电网，厨房在铁丝网外面，由朝鲜人负责做饭。每顿饭是一人一个米糠掺大豆的窝窝头，菜是两片白萝卜或一点咸菜，外加一盅开水。此外不给洗脸水，更没有洗澡水。朝鲜人做监工，安排每天施工的内容并监督劳动。

一到山岳村，日本承包头就给了大队长张光耀一个下马威，左右开弓打了他一顿耳光，把张的近视镜打落了，张趴在地上摸了半天也没找到。他是深度近视，离开眼镜便成了半瞎子。这时，日本人从劳工中叫来一个年龄最小的年轻人，跟着张光耀跑腿。

劳工分三个工种，一部分人挖隧道，用手工挖掘；一部分人出石渣，把洞里的土石背出来倾倒；另一部分人从山下背水泥袋上山，供隧道里使用。劳动强度非常大，劳动方式极为原始。所有带技术性的工作都不准中国劳工参与，只让他们做苦力。

劳工每天干活要从山下爬到半山腰。有的施工，有的干杂活。工地上有日本人，也有朝鲜人，他们干的都是轻活、技术活，中国人干的都是重活。原吉寿所在的二班和一班是干杂活的。每天吃完早饭，他们就等着工头来领人，哪里要人就去哪里干。开始一段时间，他们负责焚烧劳工尸体。劳工们刚到日本，因水土不服、劳累过度，死人较多，三天两头就需要焚烧一次战俘的尸体。

那里没有焚化炉，每次都是背柴火到山顶上进行焚烧工作。烧一个人得用 20 个人，几个人换班抬尸体，十几个人背柴火，两个人拿油桶。原吉寿每次都是跟着班长去背柴火，因为年龄小没力气，背四五根柴火走平路可以，上山则上不去。每当此时，总有班长和战友帮他的忙。每次火化时，日本监工、韩国领班和中国劳工都需要参加，他们先把木炭铺在下面，架上柴火，把尸体放在上面，点着火，再盖上稻草包。焚烧完毕后，中国劳工会先鞠一个躬，围着尸体转三圈，再鞠一个躬才算完毕。一周后，再去取回骨灰盒。

山上的水流哗哗而下，河沟的石头上有很多冻的冰溜子。因为干渴上火，原吉寿想吃冰溜子，但班长怕吃了会闹病，没让他吃，但结果他还是病了，而且一病就是三四个月。他被难友们抬到病号房里，就再也没有出来过。患病的难友很多，大部分都是伤寒病或者水土不服。日本人也不会真心为他们医治，每天都有人病死。原吉寿每天都在屋里睡着，死活也不知道。家村和赵康的两个老乡给他送饭吃，他说不想吃，还发烧说着胡话，说母亲来了。难友们都比他大，哄着他让他吃饭：“你吃吧，吃好了就能回去。”因为在病号房里出不去，而碗筷又少，原吉寿每天吃饭尿尿都用同一个碗，上不了厕所就尿在碗里，再把尿倒在墙根，吃饭时没水洗，又用这个碗盛饭吃。

就这样，他一直睡了好几个月病才好点。刚能慢慢走动，工头就催他上班。虽然雪多路滑，爬山困难，他还是坚持着爬到了工地。上去以后，班长照顾他，不让他干重活，只让他捡树枝烧火，以供中午大家烤馒头吃。到晚上，下山又难了。一边是沟，一边是山，只有一条小路，路上都是雪。他和难友们弄了点草绳把鞋底缠上，又劈了一块木板，慢慢滑着往下走。干了几天，他又被派去河沟里抬石头，把石头送到破碎机里粉碎，以供水泥浇铸用。

战俘劳工们离开中国时每人发的一套蓝布衣裤，很快就被磨破，烂成布筋筋。当地的冬天很冷，战俘劳工们只能悄悄地捡一点水泥袋子，用手揉搓变软，用水泥袋拆下的线绳把水泥纸捆在身上，外边再套上烂衣服，稍微增加一些御寒能力。但这必须不被人发现，否则就要遭到监工和日本人的毒打。战俘劳工经受不了饥寒交迫的折磨，经常有人病死。日本人害怕劳工死完了就没人干活了，才给每个人发了一个坎肩和一身树皮做的单衣服，像麻袋片一样。后来又弄来一些旧毛毡，给每个劳工剪一块，夜晚勉强可以裹一下身体。战俘劳工们没有褥子，屋里也没有炉子，睡觉时四个人挤着一起睡。四床被子，下面铺一个，两个人盖一个，然后再往上压一个。

1945 年农历正月初一，雪下得门都打不开，日本人却还让中国战俘劳工干活。队长说要干活就得把棉被披上，而韩国领班不让披棉被，这才上不了班，让战俘劳工得以休息三天。

战俘劳工的生活很苦，日本人、朝鲜人吃大米，中国人吃米糠，油盐菜蔬全无，病者不给治疗，死者不断增多。为了发泄愤恨，有的人趁监工看不到，故意把水泥袋摔破，把水泥倾倒到山崖下边；有的故意把工具埋进弃土里边。劳工在工棚里是自己管理自己，大队长张光耀有时到工棚里来巡视时，会边走边说一些只有八路军战俘能理解的话，提醒大家要机动灵活，尽可能保存实力，保护好自己，将来才有可能回到祖国。

这时，承包御岳发电工程的鹿岛组对劳工队进行了一次重新编队。石家庄、洛阳、太原等劳工队的队长和战俘劳工们也开始了联系，私下里有了往来，并联合起来对付日本监工。用打架的方式惩治坏监工，用怠工破坏的方式迟滞敌人的工程。战俘劳工每天都会打架，但打的都是日本、朝鲜监工里最坏的人。当时，劳工们十分团结，如果听说山上打架了，山下的人会全部赶去帮忙；听说山下打架了，山上的人则不管山前山后的都会前来助以一臂之力。队干部则不参与，听说打架就走到一边，等打完后当中间人判理调解，有什么事干部去挡。大家用各种形式进行反抗斗争。如迟上工、早收工、干活消极怠工，趁敌人不注意时破坏敌人的劳动工具，毁坏敌人的施工工程。石家庄劳工队偷偷把日军的临时发电设备弄坏，并使 2 名日本监工丧命。太原劳工队长组织战俘劳工私下里备草绳、锯钢管、砸铁棍，准备暴动的武器。

由于战俘劳工的打架与破坏活动威胁到日本监工的生命安全，影响到日本水电站的施工进度，日本企业主便采用软硬两手来对付参加斗争的战俘劳工。软的一手是用金钱收买意志薄弱者，分化劳工队伍，支一派，压一派，暗中调查幕后指使者；硬的一手是把斗争坚决的大、中、小队长调离岗位，隔离审讯。

农历三月，战俘劳工根据大队长“立足工地、天天破坏”的要求，掀起了破坏高潮，白天在工地上弄坏了工具，晚上又烧了一垛加工好的木料。接着又烧毁了工地上的一辆汽车。于是，日本包工头和警察立即把有牵连的大中队长等人抓进警察所，关进刑务所，押到监狱，直到日本投降时才放出来。接着把700多人的战俘劳工队从长野县西筑摩郡调离，更换工地，分散劳役。石家庄和洛阳两支劳工队剩余的374人被押到岐阜县稻叶郡各务原作业所，为日本东海军修筑飞机掩体工程。太原战俘营劳工队剩下的200人，先被押到一个荒无人烟的大山沟开了一个月的荒地，后被押至群马县新田郡强户村，为中岛飞机株式会社修建地下工程。

5. 押往群马修机窝

太原劳工队因在长野进行反抗斗争，被日本承包商转送到日本中部群马县新田郡强户村，为日本飞机场挖飞机掩体。战俘劳工干活的工地，是一个靠近飞机场的山坡。在一座山的山脚下并列着 20 多个山洞，这就是人们常说的鸡（机）窝。

在群马县，战俘劳工住的也是木板盖的破烂房子。房顶是树皮的，可以看见天空。一个屋里睡一个中队，三间房睡三个中队。还有一间伙房，一个大队部办公室。这些房子都在一个院子里圈着。吃的是黄豆、高粱米。柴火不够，只能刚刚做熟饭，没有喝的开水。

战俘们的工作仍然是在日军的枪刺监督下挖山洞。带工的是韩国人，他们负责打眼放炮炸石头，中国人则负责把炸下的石头用轱辘马沿小铁轨推出山洞。推轱辘马的战俘劳工一辆车三个人，推一车领一块牌子，白班、夜班两班倒，每班 12 个小时，每班规定了一定的车数，完不成任务不准下班。平时也没有礼拜天和节假日，只有中午吃饭时才可以休息一会儿。

在这里的生活比山岳村更为艰苦，监视也更加严密。工程量加重了，大家又吃不饱，就在上下班路上拔野菜野草吃。因此，拉痢疾的人多了，生病的也多了。原吉寿虽然年龄小、体力弱，也被日本包工头当壮劳力使用。没有鞋，光着脚，每天还要行走在沙石山上推轱辘马。

日本承包商根据工地上不同工种，有时采取两班倒制，有时则采用三班倒制，有时也采纳包工制。在河滩里往破碎机抬石头的工种，因战俘劳工吃不饱没力气，运料时常供不上破碎机的速度，日本监工就采用包工制，根据抬的多少记次数，每人必须抬够 50 次，次数不够不让下班。抬的多了，日本人给记 2 次，抬得再多点给记 3 次。赵子清与原吉寿都是病号，抬得不多，只能记两次。班长跟他们说："你别害怕，回的时候也让你们回去。"为了应付敌人的高定额，交任务时他俩错开交，赵子清先去交一次，转个身，原吉寿再去交一次。这样一来，抬一回记两次，抬两回就记四次。别人抬够了，他们俩也抬够了。糊弄了日本人，也完成了劳动任务。

在群马干了四五个月后，不少战俘劳工身上都长了疥疮，日本人不给治疗，疼痛难忍，他们就用火药擦拭患处。后来，听说用热水清洗也可减缓痒痛，他们就用水泥垒了个洗澡塘子。通过烧热水洗澡，疥疮才慢慢好了起来。但是由于设备简陋，不太安全，一个劳工洗澡时不慎翻倒在热水锅里，大家急忙将其拉上来，可除了脑袋和脚，这个劳工身体大面积被烫伤。日本人让轻病号原吉寿去伺候他，每天给这个难友换药洗绑带。绑带上有脓血，但为了同胞为了难友，原吉寿从不嫌弃，细心地照顾着他。由于水土不服，加之营养不良，战俘劳工患眼病的人很多，日本人也不给治疗。这批战俘劳工共有 300 多人，死在异乡的有 150 人，回国的有 150 人。然而，其中 30 个劳工成了盲人，多数人都带着伤病回到了祖国。

6. 归国路漫漫

在日本的战俘劳工没有丝毫的自由，更不可能听广播看报纸，外边的消息被日本人严密封锁着。不知从什么时候起，他们发现夜晚的空中常有飞机进行空战，发射出色彩耀眼的灯光。这时，日本警察就会跑进来吼叫着："苦啦苦啦的！不准起床，不准到屋外看。"但是躺在床铺上，透过破旧的工棚也能看到空战情况，战俘劳工内心十分激动，诅咒着日本强盗：你们完蛋的日子不远了。

1945年8月15日，日本天皇在广播里宣布日本无条件投降，但日本人对中国劳工封锁了消息。到8月17日，才意外地停工了，日本企业主也不说为什么。大家正在吃午饭时，大队长张光耀和几个中队长被释放回来了。一见大队长回来，战俘劳工们马上围了过去。大队长张光耀激动地振臂高呼："弟兄们，鬼子打败啦！小日本投降了！中国人民胜利了！"霎时间，伙房、工棚里欢呼声一片。大伙儿手中的碗扔了，身上的破衣服脱了，我抱你，你捶他，好不开心，有的甚至高兴得抱头痛哭。

日本投降了，虽说不用上工了，但战俘劳工仍然没有吃的，没有穿的。他们在大队长和中班长的领导下，找日本鹿岛出张所的主任、所长、警长进行交涉，但对方迟迟不给解决，还不让战俘劳工出院上街。大队长不听日方的指挥，根据大家的要求先组织少数战俘劳工上街。日本人以美国人也不让战俘上街为借口阻挠大家上街外出。战俘劳工给大队长汇报后，大队长特别生气："今天100人不让去，明天我们就去300人。"

第二天上午，战俘劳工照常上街。上午，有两个美国兵开着两辆吉普车来到他们驻地，因为语言不同，他们看了看，没说什么就走了。下午吉普车又来了，来了三个人，除了那两个美国兵，还有一个旅美华侨。这个华侨叫马坤山，祖籍广东湛江，从小在美国长大。不会说中国话，但会写中国字。他与大队长通过写字交流沟通，了解到这支劳工队的情况，也使美国兵知道了这些中国战俘的不幸遭遇，大家强烈要求盟军尽快改善战俘的生活环境。

几经交涉，两天后，一下来了十几辆汽车，把太原劳工队全体人员送到群马县城一个废弃的兵工厂，这里有两座洋楼和一个伙房。这里没有了日本警察，也没有了朝鲜监工，战俘劳工们自己管理自己。大队长带领战俘劳工打开日本的军用仓库，给大家发了新衣服和新被褥，并把大家的旧衣服和旧被褥一把火烧掉。日方给战俘劳工送来大米白面、鱼肉罐头和各种蔬菜。战俘们的生活条件很快得到了改善。美军还派了一个班的士兵为他们站岗。

当时，听说日本人要求盟军代表对在日本的华工不予以遣返，而留他们在日本国内帮助搞建设，中国战俘劳工表示了强烈反对。大队长和来自解放区的战俘找到盟军中的国民党代表，反映了中国战俘劳工的心愿，告诉他们大家都是在战争中被日本人掳掠挟持至此的，是违背个人意愿被强迫来日本做劳工的，应该一个不留地全部遣送回中国。

住了一个多月，盟军通知他们归国，大家都非常高兴。伙房里忙着蒸馒头，准备着回国路上的干粮。第二天，他们坐火车到了九州，因为等船又待了几天，终于等到了美国的军舰，大家登上了归国的旅途，多数人不记得回国的具体时间，只记得是1945年11月，他们是第十七批归国的劳工，一块儿上船归国的共有2 000人。在长野御岳做工的山西、河南两支劳工队原来有500多人，当时只剩下300多人。他们在八路军战俘张光耀、张震、张天惠等人的率领下，带着一身疾病和伤痛，抱着死于异乡的难友的骨灰，怀着对日本侵略者的满腹愤慨，离开了罪恶之渊——日本。

经过五天五夜，军舰到达山东青岛。当时，青岛为国民党所控制。当时的市长是李先良，他派了副市长来给归国劳工进行讲话。劳工队负责人把死亡劳工的骨灰盒交与当局后，国民党先把他们送往郊区沧口同兴纱厂，后又押到嵩山路（泰安路）的玻璃厂，一关就是59天。国民党军方曾派人来劝说战俘劳工去国民党新八军当兵，但战俘劳工联合起来抵制，因太原劳工大队大队长是八路军的人，大伙儿深受其影响，对共产党一直存着向往的心情。

经过斗争，太原战俘劳工队中除4位原国民党军校学生回校外，其余无一人加入国民党。大家保持着一致的说法："抗战八年胜利了，家中父母日夜盼望我们回去团圆，我们也日夜想念父母妻小。今天从日本死里逃生回来，无论如何要先回家！"国民党当局无可奈何，只好对战俘劳工予以放行。

各劳工队分头行动，各自结伴归队回家。有的想先找部队后回家，有的想先回家再找部队。张光耀这支劳工队根据大家的意愿，分四路出发。一路由姓田的八路军带队，有几十个人去天津、东北。一路由张光耀带队，有几十个人沿陇海铁路去西北。一路由张天惠带队，约 320 人，经鲁西北、冀中前往太行山。张天惠带着 320 余人一路步行，经惠民、德州、南宫等地，受到了解放区军民的热情接待，他们顺利到达河北邯郸。当时，邯郸已是晋冀鲁豫大军区所在地。军区领导宋任穷等接见了他们，欢迎他们死里逃生、回国归队。不少人回到原部队原单位，参加了伟大的解放战争。

当年在山西晋南曲沃等地被俘的 64 名战俘，从侯马上火车到太原，在火车上闷死 39 人；在轮船上死了 2 人，被扔进大海；在日本当劳工期间死了 13 人，回到祖国只剩下 10 人。九死一生的患难兄弟为了不忘这段苦难经历，也为了能互相帮助返回家乡，他们自发地结拜成兄弟，并从大到小排列了顺序：郑邦成、贾宗尧、赵忠贵、刘永堂、张根盛、孟全来、卫金中、廉振和、赵子清、原吉寿。由于中国交通南北不畅，他们 10 人从青岛出发，绕道江苏新浦，又被国民党军扣留，要他们当兵，他们坚决不从，不打内战，被扣了 7 天才予以放行。他们带着难友的骨灰，经河南兰考、许昌，到茅津渡过黄河进入山西，当时曲沃、新绛还没解放，他们先到侯马住了十几天，才分头各回各家。他们到家的时间，是 1946 年 3 月中旬，离日本天皇宣布投降已经过去 7 个月。到此，他们才结束了这漫长的归家路，才见到久别的亲人。

图6　山西战俘劳工召开座谈会，研讨对日索赔问题（戍忠义提供图片）

主要参考文献

[1] 何天义. 日军枪刺下的中国劳工（四卷本）[M]. 北京：新华出版社，1995.

[2] 何天义，党福民，李扬. 日军侵华暴行（国际）学术研讨会文集[M]. 北京：新华出版社，1996.

[3] 何天义. 二战掳日中国劳工口述史（五卷本）[M]. 济南：齐鲁书社，2005.

[4] 何天义. 日军侵略华北罪行档案·集中营 [M]. 石家庄：河北人民出版社，2005.

[5] 何天义. 亚洲的奥斯威辛——日军侵华集中营揭秘 [M]. 成都：四川人民出版社，2007.

[6] 何天义. 日军侵华集中营——中国受害者口述 [M]. 郑州：大象出版社，2008.

[7] 何天义. 日军侵华战俘营总论 [M]. 北京：社会科学文献出版社，2013.

[8] 何天义 . 不应忘却的历史——日军虐杀中国战俘罪行录 . 南京电影制片厂等，2005.

[9] 李承云，尹昶发，李秉俭. 山西监狱 [M]. 太原：山西人民出版社，1992.

[10] 张全盛，魏下梅. 日本侵晋纪实 [M]. 太原：山西人民出版版

社，1992.

[11] 张全盛. 血证. 太原文史资料，1995.

[12] 山西省人民检察院. 侦讯日本战犯纪实（太原）[M]. 北京：新华出版社，1995.

[13] 孙雨亭. 历史的选择——我的回忆 [M]. 昆明：云南人民出版社，1996.

[14] 杨圣清，段玉林. 巍巍中条——中条山军民八年抗战史略 [M]. 北京：中央文献出版社，2000.

[15] 郭汝瑰，黄玉章. 中国抗日战争正面战场作战记 [M]. 南京：江苏人民出版社，2002.

[16] 樊建川. 抗俘 [M]. 北京：中国对外翻译出版公司，2006.

[17] 刘林生. 中国的奥斯威辛——日军“太原集中营”纪实 [M]. 太原：山西人民出版社，2012.

[18] 政协山西省文史委. 山西文史资料. 第3、9、21、116辑.

[19] 刘侵霄. 回忆在太原日寇工程队的斗争. 未刊稿.

[20] 李树德. 在太原集中营的地下斗争. 未刊稿.

[21] 张开明. 多面人生. 未刊稿.